PARCIO

Tudur Hallam

℗ Tudur Hallam / Cyhoeddiadau Barddas ©
Argraffiad cyntaf: 2019
ISBN: 978-1-911584-24-7

Cyhoeddwyd gan Gyhoeddiadau Barddas.

Cyhoeddir gyda chymorth ariannol Cyngor Llyfrau Cymru. Argraffwyd gan Y Lolfa, Talybont.

Carai'r awdur ddiolch i Gomisiwn Fulbright am yr ysgoloriaeth a roes gyfle iddo fyw a gweithio yn Unol Daleithiau'r Amerig. Carai hefyd gydnabod cyfraniad Llenyddiaeth Cymru i'w ddatblygiad barddol.

I Nia

PARCIO

A gaf fi barcio hon
fan hyn,
tan haul Tecsas tanbaid
dy lygaid craff,
ac ymbil ar i ti ei chysgodi
â'th fysedd mwyn,
rhag i belydrau dy ddarllen brwd
ei llosgi'n ulw
ac yn ddim o beth?

Dyma hi,
yn awr mor llonydd,
ond bu am fisoedd
ar wib ac ar goll
yn chwilio'n ddi-fap amdanat;
yn pererindota'r wlad
ar ei ffordd igam-ogam
tuag atat ti.

Fe'i gadawaf,
os caf,
fan hyn,
a sŵn ei grŵn yn oeri
o dan dy fysedd,
ond mae'n barod i ti ei thanio
ar hyd traffordd chwim
dy feddwl.

Mae'r allwedd ynddi –
fy nghyfrol o gar rhent Amerig,
ond nid gêr awtomatig sydd iddi chwaith.
Caiff dy law di arni ei newid
ar hyd eich taith.

CYNNWYS

CYNNWYS

CYNNWYS

RHAGAIR

Yn 2016–2017, diolch i ysgoloriaeth gan Gomisiwn Fulbright, ces
gyfle i fyw a gweithio yn Unol Daleithiau'r Amerig, ac mae nifer o
gerddi'r gyfrol hon yn ffrwyth myfyrio diweddar ar y profiadau a
ddaeth i'm rhan i a'r teulu yn ystod yr adeg honno. Roeddwn yno'n
edrych ar sefyllfa amlddiwylliannol y wlad, yn enwedig felly sefyllfa
siaradwyr Sbaeneg, a hyn ar yr union adeg yr etholwyd Trump yn
arlywydd ar y wlad – arlywydd gwyn cyntaf America, chwedl Ta-
Nehisi Coates; arlywydd uniaith hefyd, gan mai un o'r pethau cyntaf
a wnaeth y weinyddiaeth newydd ydoedd dileu dwyieithrwydd
gwefan y Tŷ Gwyn. Nid syndod felly mai un o themâu'r gyfrol yw'r
berthynas anghyfartal rhwng gwahanol ddiwylliannau, gan gynnwys
anghyfiawnder ieithyddol. Dyma brofiad cynifer o bobl yn yr Amerig
ac yng Nghymru a'r Deyrnas Unedig – pobl sy'n siarad iaith nad yw'r
awdurdodau yn ei pharchu mewn gwirionedd.

Bu'r cyfnod cyfan yn yr Unol Daleithiau yn gyfle imi sefyll y tu allan
ac y tu hwnt i'm bywyd arferol yng Nghymru a myfyrio ar amryfal
bethau – profiadau mawr a syml bywyd, ambell garreg filltir ym
mywyd y plant, ambell lwyddiant a ddaeth i ran ambell ffrind, y boen
a'r gwacter yn sgil colli anwyliaid, salwch y corff a'r meddwl, cariad,
sefyllfa Cymru heddiw. Cynhwysir yn y gyfrol hon gerddi sydd yn
ymateb i brofiadau diweddar a rhai a ddaeth i'm rhan dros ugain
mlynedd yn ôl bellach.

Fel y deuai'r meddyliau myfyriol yn aml i dorri ar draws profiadau'r
wlad newydd, symud rhwng cerddi'r Amerig a cherddi Cymru y
mae'r gyfrol hithau. Ac i'r cyfeiriad arall, wedi imi ddychwelyd i
Gymru, rhyfedd fel y mae'r profiadau yng ngwlad Trump yn peri imi
edrych o'r newydd ar ddatblygiadau yng Nghymru heddiw.

Mae'n siŵr fod elfen o ymdeimlo ag angst canol oed clasurol y
tu ôl i'r daith i Houston, Tecsas yn 2016–2017. Awydd i ddianc a
theithio a phrofi rhywbeth gwahanol. Cyfle i edrych ar fywyd o ongl

wahanol, ond nid o ganol pobl wahanol chwaith. Diolch i'm teulu am ddod gyda mi ar y daith ac am fodloni imi ddehongli sawl profiad a ddaeth i'n rhan mewn ambell gerdd. Diolch hefyd i'm rhieni a'm rhieni yng nghyfraith am bob help ymarferol. Diolch i bennaeth a llywodraethwyr Ysgol Parcyrhun, Rhydaman, am ganiatáu i Nia, fy ngwraig, ddod gyda mi i Decsas. Diolch hefyd i'm cydweithwyr ym Mhrifysgol Houston ac yn Adran y Gymraeg, Prifysgol Abertawe am eu cefnogaeth a'u cyfeillgarwch. Diolch yn arbennig i aelodau Grŵp Sgwennu Creadigol yr Adran am eu hadborth defnyddiol. Ac yn olaf, diolch i Gyhoeddiadau Barddas am bob gofal creadigol wrth lunio a chyhoeddi *Parcio*.

Os oes gan unrhyw un awydd i roi llwyfan byw i rai o'r cerddi hyn, yna, cysylltwch â fi drwy gyfrwng yr e-bost, os gwelwch yn dda: t.r.hallam@abertawe.ac.uk.

Tudur Hallam, 2019

VISA

Llysgenhadaeth UDA, Llundain

Syllodd arnom, drwy'r sgrin.
'Gwaith? Llety? Tylwyth?'

Hwn oedd ein mur,
y ffin rhyngom a'r wlad,
ein Rio Grande,
ein Trump.

Ofnem un peth –
ein holi am ein hiaith,
iaith y cartre,
iaith y plant.

Clywsom si fod Cymru fel Juárez –
ei geiriau'n sgleinio fel baril gwn
ar draws y gagendor.

Ofnem boeri o'n genau
ryw fwled strae,
nes i fennydd yr holwr
ffrwydro'n slwtsh dros ein ffurflenni.

Ofnem ni ein hunain,
ein hadlewyrchiad yn ei sgrin,
ein henwau Cymreig,
lliw ein sŵn.

Ond a'r fechan uniaith
gartre tan ffliw cyfleus,
ni welodd ef ond teulu'r Cwîn
yn gofyn am bàs,
a thaflodd ddrws y Boeing
led pen ei wlad ar agor.

ABEREDW

I'm merch Edwy, wedi inni ymweld â'r afon a roes iddi ei henw

Y?

Lle mae hi?

Y?

I ble yr aeth?

Fe'th dynnwyd o ddŵr
yr afon hon;

dy fedyddio'n Gymraes
yn sigl ei chanu tyner.

'I gofio am Lywelyn?
Am ei noson olaf
yn sefyll yn ei chlyw,
yn aber Edwy?'

Ie, efallai.
Ond go brin. Y gair
ei hun a'n hudodd,
ei gynghanedd dawel,
fel sisial sicr yr afon yn awr;
ac o'th drochi ynddi,
llifaist drwy dy fyd
yn fwrlwm ysgafn.

A dyma ti iddi,
dy draed seithmlwydd yn llamu a thasgu
at ffynnon d'enw,
yn adfer i'r afon
yr hyn a dreiglodd y pentrefwyr ymaith
yn Aberedw:

dwy fraich
fel dwy gangen fry
a dwy goes
fel cyff derwen yn y dŵr;

ac fel erioed
mae'r Y
yn Edwy
yn rholio chwerthin

a rhyw eco draw
fel ar droed o'r ogof ddu.

C'EST BON À SAVOIR

Peth da yw gwybod. *C'est bon à savoir.*
Ni phoenaf ddim mwy am *être* nac *avoir.*

Paratois at Ffrainc. Es yno'n Gymro –
i ddianc rhag pla'r McDonaldeiddio.

'Bonjour,' meddwn i, ond cyn pen brawddeg
boddwyd fy merfau ym môr eu Saesneg.

Jyfwdreiwn bob tro. Pwff! Pa lances
na'm gwelai i'n Sais, a hithau'n Ffrances?

Wrth gwrs, heb os, rhaid gwella'r ynganiad!
Ond *sacrebleu*! Heb wrando na siarad?

Gydag 'On y va', cesglais y teulu.
Gwenai'r *vendeuse*, 'Missing you already'.

ACTIO

Plimoth Plantation, Plymouth, Massachusetts

Nid actorion oeddent.

Er yn bentre ffug hanesyddol,
nid chwarae perfformio
yr oedd y rhain yn eu cwt.

Dyma oedd eu swydd –
cadw'r traddodiadau
a'u dangos i ni –
sut i greu canŵ,
sut i dyfu cnydau,
sut i eistedd
o gylch tân y tŷ
a gweld y sêr.

Ac eto, roedd yna fasg
amdanynt, y tri,
a rhyw gyndynrwydd
i ddweud y gwir;
i gyffesu'r hyn
na allaf fi
ond ei stwffio'n ddwfn
i waelod fy nghes a'm hysbryd –

iddynt golli eu hiaith,
a bod dod i'r gwaith
yn fraint ond yn fwrn,
am fod un gornel o'r sioe
yn rhywbeth, ydi, ac eto'n ddim;
ond mi welsant ynof
yr un gallu i wenu'n ddiffuant, ffals,
a dyma ddechrau siarad.

GLYNDŴR

Ysgogwyd yr awdl hon gan eiriau Saunders Lewis:
'Ychydig o farddoniaeth a gyfansoddwyd rhwng 1400
a 1410. Yr oedd y beirdd wrth waith arall.'

Pa gerdded yn y rhedyn?
Pa siffrwd brwd ar y bryn?
Pa ddrwg o'r golwg? Pwy'r gwŷr
yn gaddug, yr ymguddwyr?
Y rhai tawel, fel delwau,
a sŵn sicr Sais yn nesáu.

Brau'r bwâu a brau'r bwyyll.
Eu hunig arf – llafn y gwyll!
Ond ar orwel eu helynt
pa ryw gastell gwell na'r gwynt?
Os sŵn sicr Sais sy'n nesáu,
gwŷr o gledd yw'r gweirgloddiau.

Gwŷr a welodd eu difrïo'n greulon,
yn wlad o gaerau dan lid y Goron.
Gwŷr a goncwerwyd, gwŷr gwan y cyrion.
Eu byd a sigwyd heb Dywysogion.
Heb un Llew, heb wain llwon, – dyma'r gwŷr;
nid tras uchelwyr, ond trais a chalon!

Gwŷr ... 'Glyndŵr! Glyndŵr!'
(Nid oes i enaid ond un einioes.)
    'Glyndŵr! Glyndŵr!'
(Nid oera gelyn Duw galon y da.)
    'Glyndŵr! Glyndŵr!'

        A'r gri'n don fanllefau,
gwŷr a'u hen arfau, tra'r gaer yn Arfon!

Eisoes daliwyd y Saeson
yn edau rhwyd y frwydr hon,
un greulon, un gerilaidd –
a heb i Loegr weld y blaidd!
O'r wain glawdd, rhuthr yn gledd,
o'r rhedyn dianrhydedd.
Ni rydd gweirglodd wahoddiad
i ryfelwyr gyrchu'r gad.
Syth gawod saethau gywir
sy'n dallu-tyllu i'r tir!

A daw'r rhain, y 'Glyndŵr' hwn
yn un utgorn, yn waetgwn,
ar ras wyllt i fwrdro'r Sais.
Dwyn i burdan y bwrdais!
O! gwae wlad a welo gledd
gwerin na rydd drugaredd:
y rheibio, mor ddirybudd;
llafnau o'r rheolau'n rhydd,
ac ambell fwyell ddi-fin,
o fwriad, yn arf erwin.

Rhai felly'r Cymry o'u co',
at eu siâr o fwtsierio!
Eu dialedd, eu dwylo.

Yn hwyr yn awr, yn nhir neb,
y nos hon yw casineb:
stŵr sowldiwrs a'u moesoldeb.

Dialedd du Cymru'r co'.
Dialedd gwlad o wylo.

Gwŷr rhyfel a'u digrifwch
a Sais a chala o swch
yn waedd fawr o ddifyrrwch.

Y Sais a'r hwyl o'i sarhau.
Hwyl y dagr, lle bu dagrau
am un Pen, am ein poenau.

* * *

Wrth eu gweled, o'r rhedyn,
wyf eto'n brudio o'r bryn.
Yma o hyd, draw ymhell,
wyf lwfrgi, fel o lyfrgell.
Wyf frawd i'r rhain, a'r frwydr hon
yw fy mawl. Wyf ymylon.

Yn gân rwydd, gynnau, i'r rhain,
rhedais drwy 'Armes Prydain',
cyn ffoi â'm caneuon ffydd
i'r baw rhedyn – gwir brydydd!
Un awr-fardd ofer ei fawl,
y taeog paratoawl!

A beth nawr? Beth, Aneirin,
i'r gad, adroddiad y drin?
Onid ei waith yw Glyndŵr?
Mae'r mawl? Ym mwa'r milwr!
Oni redaf drwy'r rhedyn
at lawr gwlad, at deulu'r glyn?

Nhw'r gwŷr a'r drin ar eu gwedd –
nhw a welaf, nid Heledd.
Nhw, a'u plant, na fynnant fyw
yn dadau gwlad nad ydyw.
Nhw fy mlaidd, nhw f'ymladdwyr,
nhw'r fyddin werin o wŷr.

Gwŷr a welodd fod gloywach gorwelion
i'w gweld o'r gaer ac ildio i'r Goron.
Ac eto, heno, dod ar eu hunion,
i weithio'u dinistr a wnaeth y dynion.
Nid celwydd cryd eu calon. – Ac nid chwedl
dinodi cenedl nad yw ond cwynion.

     'Iaith astrus.'
     'Cyfraith estron.'
     'Nerth y gaer.'
     'Treth y Goron.'
     'Dyn a'i ddig.'
     'Dyna ddigon.'

Yn glaf o lid, gwelaf lu
o'm gwlad yn ymgaledu,
a gwelaf innau'r galw
im' nawr ymuno â nhw.
Da arfau 'mrawd ar fy mrest.
Da arnaf waed ei ornest.

Ym mhob gŵr, Glyndŵr yw'r dyn
nad yw'n elwa dan elyn,
y ddynes na fyn ddannod
wrth i'w bro beidio â bod.
Pa ddwyn i wlad farwnadau,
a sŵn sicr Sais yn nesáu?

Gwelwn ein dydd, a Glyndŵr
a'm hawlia innau'r milwr:
un bardd tu hwnt i farddas
yn farwn glew ar fryn glas,
ac ar ei frôn gôr o frain
yn gywydd gwiw i Owain.

Cadwed y gerdd ei rhedyn,
a Glyndŵr galon y dyn.

TRUMP

Nid digrif pob digrifwr
ac nid jôc hafoc o ŵr.
Nid clown mo'r clown pan fo cledd
ei eiriau, ei anwiredd
yn troi'n ffars, y taeru'n ffaith –
yn wên i wynion uniaith.

Troella'n hir y gwir a'r gau
yn gynnwrf i'w sloganau.
Cwyna am Fecsicaniaid –
'Ŷnt dreiswyr-reibwyr o raid.'
I Trump – ei elyn bob tro,
yn dduach o'i bardduo.

Hawlia'i hil â'r rali hon –
dyn call sy'n deall duon.
Gwawdia wraig, anoga drais,
ond i'r miloedd, da'r malais.
Beth ond trwbwl yw bwli?
John Wayne ein Donald J. ni!

Baton eu cas – pob gwas gwyn
a'i drwmped sydd yn Drumpyn.
Nid prentis *Apprentice* praff.
Diestron a diwastraff
yw loes yr hwyl, y sarhau,
ym miri'r codi muriau.

TENZING

Nid copa'r ail a welodd
dros gefn ei gyfaill.
Nid darllen yn yr eira
mo'r gair 'ac *yna* Tenzing'.
Rhannai'r un rhaff. Cyd-ddringai.
A chyrraedd yng ngham ei ffrind.
Nid claddu'i galon wrth golli.

Yr oedd hwn uwchlaw hynny.

Ni'n unig,
plant y gwastadoedd,
o bell, ac ar oleddf gwahanol,
a fynnodd droi'r mynydd yn stadiwm
a'r dringo'n ras:
datod y rhaff amdanynt, rhyngddynt,
a'i throi'n llinell derfyn
i olympiad ein Brenhines hardd.

Nyni'n unig
sy'n mynnu 'sgariad
y ras deircoes hon,
gan weld yn ôl traed ein cyfarwydd
esgidiau bycheingloff ei was.

FIS WEDI'R ANGLADD

Er cof am yr Athro John Rowlands

Pan nad oedd eto bry' ym mhridd dy gladdu,
   pan welwn di o hyd yn haul dy wên,
pan nad oedd yno faen nac olion naddu
   ar ffenest liw dy fywyd, f'athro llên,
es yno draw, am dro, yn driw f'adduned,
   i rannu gair a deigryn 'gylch y bwrdd,
a dyna'r pryd, yn syllu hir d'Eluned,
   y'm trawodd i – 'chawn ni fyth eto gwrdd.
Gadael. A mynd. Am fachlud Aber, rasio.
   Draw i'r Hen Gol. Cyrraedd. I fewn â fi.
O! sanctaidd deml fy nysg a'm congregatio!
   A dyma 'nhraed wrth ddrws d'ystafell di.
Gwybod yn iawn nad wyt ti yma, John.
Ac eto'n dal yn dynn, y ddolen hon.

PORTREAD O FEDDYG

Nid yw hi'n neidio mwyach.

Syrth y bomiau
dros Ddwyrain Ghouta
i fygu'r cleifion.
Ymdaflant i'r llawr.
Cyrcydant yn y gwyll.
Ond nid y hi.
Bu gyhyd yn y bomiau.

Mynnodd ryw imiwnedd
rhag ei greddfau,
rhag i'r llafn dros fennydd dyflwydd
droi'n ffynnon waed,
rhag i'w llaw droi'n arf Assadaidd
dros galon Syria.

Syllaf arni
ac am ennyd
dof fi'n agos at ddirnad ei phoen,
ond ar dynfa'r botwm
rwy'n diffodd y llun
a'i gadael yn ddideimlad yn ei llwch.

ALCATRAZ

I'm mab Bedo, a holwyd, 'Beth oedd dy hoff le?'

'Alcatraz,'
meddai, a'i lygaid
yn fflachio'n wyllt
fel rhai Al Capone.

'Alcatraz! Alcatraz!'
a blas y gair
yn tynnu'r dŵr
o'i ddannedd –
am mai yma
yr oedd Machine Gun Kelly
a Bumpy Johnson
a'r Birdman enwog,
Alvin Creepy Karpis
a'r brodyr Barker –

pob un yn breuddwydio,

pob un yn cynllwynio

a synau jazz San Fran
yn swyno arteithio
eu dychymyg tros y dŵr

tan glo, ond ar ffo
yn nhro'r meddwl

a phob dyn am dagu'r diawl
a'i clodd ac a'i trodd yn Alcatraz,

hi'r ynys o gell
sy' fel uffern Ddisney
i garcharor undydd o fab.

29

DYCHWELYD

Ai mwy gwâr pob magwraeth? – Y cwysi
    cyson o gynhysgaeth.
      Eto dan law'r co', mwy caeth
      yw'r aradr o droi'r hiraeth.

PENLLE'R CASTELL

*Codwyd Penlle'r Castell oddeutu 1252. Diben milwrol
oedd iddo'n unig. Cyfansoddwyd y gerdd yn 2017 yn dilyn
trafodaeth ar werth y Gymraeg ar y rhaglen* **Newsnight.**

Rhag inni'r henbraidd grwydro draw o'n gwlad,
   gweld o Fynydd y Gwair wastadau'r Gŵyr,
melltithio'r fam, de Breos fyth, a'i brad,
   a rheibio'i thŷ fel bleiddiaid dua'r hwyr,
hwn, William, rhag ofn, ac o lin Cymraes,
   dychmygodd gaer i'w warchod rhag ei hiaith,
caer ddi-lys, ddifarchnad, milwrio'r maes,
   a'r ffin â Charreg Cennen yno'n ffaith.
Lle'r castell nawr? Mae'r mur i'n cadw'n fud?
   Y ffin a'r hebog-filwr fry, rhag ofn?
Lle'r gawod saethau wyllt i'n dwyn o'r byd?
   Y cledd i dynnu gwaed drwgdybiaeth ddofn?
O dyrau'r BBC, clyw heno'r brawd
yn claddu lond dy frest bicellau'r gwawd.

DANFON Y GOLOMEN

Ti'r g'lomen lond y ffenest,
bwled wyllt, o ble y dest?
Och! rhyw ddiawl llechwraidd wyt,
ac wedyn 'm ond pig ydwyt,
yn syllu, syllu o'r sìl:
un wleb wastfawr, fel bwystfil.

Ai dieiriau pob deryn?
Nawr dwed, pam yn eno'r dyn
y dest drwy'r ffenest, a pham
yr hawli sylw'r Hallam.
A ddaethost, lanast costus,
i wawdio'r hen Dudur Rhys?

'Na! I'th swyddfa y des i
ar hirdaith i Keir Hardie,
i gynnig bod yn gennad –
dy lais wyf, er dy lesâd.
Fi yw dy bostmon gonest,
a holi di, "o ble 'dest"!

Gwn iti yrru yn gudd
air difyr at Fflur Dafydd,
ond i'r amlen felen fach,
os ei myned, droi'n smonach!
Ust! mi wn i'r post mewnol
yrru'n wir dy lythyr 'nôl.

Os clywais sgwrs, clywais gam
a helynt d'amlen, Hallam.
Dynion y postio uniaith,
a'u harthio gwych wrth eu gwaith,
a gadd y cyfeirio i gyd
yn chwilair, a'i ddychwelyd.'

'What's 'is say? Say, what's 'is, Sid?'
'You duff, it's the Fleur Daffid.
You know, Fleur. I'm sure she won,
d'you know, Lee, Daniel Owen.
Part of the Welsh Department
is Fleur. Consider her sent!'

'Dyna'r pam, Hallam, fy mod,
O! Dafydd, wedi dyfod.
Ti a 'studiaist lateion.
A gwrddi hi â'r gerdd hon?
Danfon fi! Af ati fyth
yn unswydd, yn unionsyth.'

O! g'lomen, g'lomen, wyf glaf.
Hwyrach yr ymddiheuraf.
Pam fy mod Hallam mor hy,
bron o hyd yn beirniadu?
Gwelaf, yn rhith ap Gwilym,
mai di-fai fy llatai llym.

Dos at y Dafydd a dwed
mai Elfyn pob gair melfed.
I'w geiriau hi rwy'n gwrhau,
yn folwr i'w nofelau.
Tynnodd fi â'i *Hatyniad*
a gwledd ei *Llyfrgell* i'n gwlad.

Liw nos, g'lomen, dos heno.
Fel y dest trwy'r ffenest, ffo!
A pha le y boed hi Fflur,
ehed a dwed dros Dudur –
gyfaill, rwy'n dy longyfarch,
haeddi o bawb heddiw *Barch*.

DYDD CYNTA'R YSGOL

Un arddwest o grys
a glesni ei goler
yn gynnwrf gwenyn:

ein bysedd barus
fel llys Tuduraidd
fore'i goroni.

'Gwena,' meddai Mam.
'Cefen syth,' meddai Dad.
I ni gael arswydo atat!

Och! Ein lili wen fach,
mor rhwysgfawr a hyll
â theyrn gwlad:

f'un rhosyn haul mewn esgidiau cowntant,
dy ben yn gwyro i ryfeddu
at sglein y lledr pŵl.

Ac am y tei dynwared dynion,
'Tyn di hwn,' meddwn i.
'Rhag imi wywo'n grimp!'

Ac wrth y gât,
suo a chrio, a chwerthin,
o'th ollwng, flodyn,
i fôr y siwmperi llwyd.

PORTREAD O WRAIG WEDDW

I Mam, fy mam-gu

'Does mo'i osgoi.
Bu angladd.
Mae'r aelwyd yn bwll amdani,
a'r gwely'n gaets diwaelod.
'Dyw hi'n deall dim,
na'r galar na'r thermostat.

Ac eto, gŵyr hyn hefyd,
mai'r estron hwn
yw ei chymar a'i chywely mwy:
y Dim Dieithr Tawel Hwn Lond y Tŷ,
yno ym mhant ei sedd,
ym moelni ei gwbwrti gwag,
a hithau'n ei dal ei hun
yn rhoi sêt y tŷ bach i fyny
ac agor droriau ar ei ôl.

O! ydi. Y mae yma.
Y Neb ar ei ôl, ym mhob man.
Y Dim gwael. A'r dim ond ei dderbyn
y gall hithau'i wneud.
Gwylio llai o fwyd.
Prynu mwy o deledu.
A'i chegin lawn trugareddau
yn wag o'i wên;
yn llawn eco'i llais
yn ei alw o'r ardd, 'Glyn'.

Ac wedyn, trwy'r drws ... Hyn.

YNO ETO?

Chick-Fil-A. Dollar Tree. Goodwill.
Rŷm ni wrth droad y clinig ar Highway Six,
y clinig yr es iddo ddoe,
tan decstio fy ngwraig: 'n gwaith'.

Es iddo, fel i glwb nos,
a'm calon yn byrlymu,
ac wrth imi dynnu fy nillad
a rhoi fy nghorff i ddieithryn,
dyma fy nal fy hun yn meddwl fel hyn,
o weld ei wedd yn llawn dyfalu –
    A yw lwmp yn y ceilliau fel cerdd?
    Peth i'w ddehongli rhwng ei fys a'i fawd!
Cyffelybiaethu!!! A 'nhrôns i am fy nhraed!

'Dad! Ŷn ni yno eto?'

Rŷm ni'n gyrru o Houston i Albuquerque –
taith bymtheg awr trwy anialwch gwych
Tecsas a Mecsico Newydd,
trwy lwybrau tanddaearol Carlsbad
a thrwy nefoedd las El Paso.
Chwip o daith! *Road trip* oes!
Holl benrhyddid ehangder Tecsas!

Ond fel cancr yn ymledu drwy'r ddinas,
syst ei thraffig sy'n tagu Houston.

Rwyf fi wrth droad y clinig ar Highway Six.

Y car fel crwban mewn drysfa goncrit.

Mae'r cyrn yn canu ar Highway Six.
Mae 'myd i ar stop ar Highway Six.
Chick-Fil-A. Dollar Tree. Goodwill.

Ar Highway Six, mae'r plant yn holi,
'Dad! Ŷn ni yno eto?'

Wyf fi yno eto?
Ai dyma ni?
Ai dyma fi –
wrth droad y clinig ar Highway Six?

Rŷm ni'n gyrru
o Houston i Albuquerque,
taith bymtheg awr
a'r draffordd wyllt yn faes parcio.

Yno, mi gaf fi decst.
Yn nodi'r ffordd o 'mlaen i.

Fe'i danfonir
o fan hyn.
O glinig y troad ar Highway Six.

'Dad! Ŷn ni yno eto?'
'Dad? Dad!'
'Dad!! Ŷn ni yno eto?'

Wn i ddim.
Wn i ddim, blant.

Rŷm ni wrth droad
y clinig ar Highway Six.

A gaf fi droi gyda'r clinig ar Highway Six?

PANTYGWYDR

Yn y dwys Seisnigrwydd,
colli 'nabod arnat:
y *chapel* mor ddieithr â mosg.

Y *pastor* clên, o Frynaman,
mor anghyfiaith â *Rabbi*,
a finnau ar goll.

Pob un gair
yn sychu'r gwaed a'm prynodd.
Pob un gân
fel symbal yn tincian.

Ein cariad a oerodd.
Bûm i farw eto,
yng ngriddfan y *born again*.

Pa ryfedd, felly, dy gasáu –
am fy ngadael yn y *pew*, yn gorff,
a phoeri'n Seisnig ar ein serch?

Ond *Jesus*! Fi a'n lladdodd,
fi'r God-inebwr,
fi'r Jiwdas a'm cusan main.

A fi sy'n rhyw ddifaru, Dduw,
mai dim ond geiriau ysgar
sydd rhyngom ni.

MEWN SEREMONI RADDIO

Er cof am y bardd Saesneg o Gymro, Nigel Jenkins. Arferem
gydgyfarch y graddedigion â cherddi yn y seremoni yn Abertawe.

Mae'r canwr? Mae'r gŵr wrth gerdd?
O! Frangwyn, y farwngerdd?
Lliw sangiad a llais angerdd.

A'r graddio'n llusgo, p'le'r llais
Byw ei oslef a'i bwyslais?
Mae'i odlau? Mae ei adlais?

Mae'r gwallt hir-dymor a gwâr?
Mawl agos ei drem liwgar?
Holl lif ei rythmau llafar?

Y pen hardd. Cynfardd ein cân.
Mae'r llef a fomiai'r llwyfan?
Y 'Praise be' – *ti* oedd y tân.

Yn d'ymyl, roeddwn damaid;
Draw, yn dy gysgod o raid,
Heb dy weniaith, heb d'enaid.

Oet gyngerdd y pencerdd pur:
Corn gwlad o wyddoniadur
A lliw siglo llais eglur.

Oet f'athro, yno, a'th rodd,
Yn chwa'r edrych a'r adrodd:
Rhithio mydr â'th ymadrodd.

Oet un â'r gerdd, ac erddi
Y canet, y tynnet ti
Dy hun yn gnawd ohoni.

Pyncio dy iaith fel pencerdd,
Ti lwybrau a golau'r gerdd,
Fy Mrangwyn, fy mireingerdd.

Mae'r graddio'n llusgo. Fy llyw,
A haul Sbaen yn dy lais byw,
Dy dawelwch yw'r Dilyw.

              * * *

Yn dy le, O! wele un –
Llef eiliw yn lle f'eilun;
Adroddiad a'r gerdd drwyddi
Mor farw yn d'enw di
Gan nad oes ddatgeiniad da
Nad yw eto'n cardota.

Heb radd hwyl y bardd ei hun,
Heb ei dysteb i'w destun,
Ni all llên drosglwyddo llais.
Bydd i fawl mewn bedd falais.
Bydd y gwaith fel llediaith Llŷr,
Neu lith hen ddarn o lythyr.

Fy mardd. Fy nghydfardd. Fy nghân.
Fy nghâr llafar. Fy llwyfan.
Gwae ynof gri'r datgeiniad.
Gwae'i alw ef yn ein gwlad,
Pan fo dy gri di, dy wên,
Yn driw ynof, fel draenen.

Dwed di, fy nghwmni, fy nghof,
Mae'r un fel y môr ynof?
A'r graddio'n llusgo, p'le'r llais
Byw ei oslef a'i bwyslais?
Athro gwiw, gweithiwr y gerdd.
Lliw sangiad a llais angerdd.

X

sy'n dynodi'r fan
lle y bu ef farw

cusan mewn ffordd
cusan J F K

sgriala'r traffig
a sgriblo trosti
ond yn nalen wen
y golau coch
wele   hi   ei groes
ei lythyr serch
ei farc ar hyn o fyd

X

rhedaf fi ati   yn araf
i fi gael sefyll
lle y safodd ef
    lle y syrthiodd ef

X

ac wedyn fry
yn llofft y llofrudd
fi fy hun yw'r hanes
dan gêl yn y bocsys llyfrau
yn rhythu'n fud drwy'r ffenest fawr

yr X o bell fel pe'n fwy o faint
ei gusan ffarwél ar fy moch yn slwtsh

codaf fy nghamera
paratôf y lens
cyn rhewi yn y fan a'r lle

X

X

mor hawdd yw saethu dyn
ar stryd yn Dallas.

SIÔN Y GLYN

O ganfod sawl un yn y dosbarth yn ei ddagrau, a ninnau'n darllen y gerdd 'Marwnad Siôn y Glyn' gan Lewys Glyn Cothi

Ganrifoedd wedi'i farw
   mae ei bethau dros y tŷ,
ei bêl, ei ddis a'i gleddau,
   ac mae'r udo fyth yn ddu.

Wrth dagu ar ei afal,
   a'i dywod am ein traed,
mae cân y tegan pumlwydd
   yma'n corddi yn y gwaed.

MARCH Y MÔR

I Mam yn ei hanghofrwydd ac er cof am ei bychan

Tri physgodyn aur
yw powlen ei meddwl,
yno'n cylchdroi yn eu hunfan:

'"Poni bach y fro,"
ac rodd y stryd yn werthin
ar y nghoese llosg i.

A be am y ffidlwr sipsi yn ei siwt,
a ni ein dou yn woltsio
mewn neuadd gegrwth?

Ac yna fe ddest ti, yr ifaciwî:
un ces bach annwyl o Lunden
i fi'n anrheg rhyfel.'

Tair stori
bob un   dydd,
pob un   awr
yn gylch

prysur syrffedus;   yn troi a throi;
ei meddwl   crwydrol   a hi   yng nghreions
fel bechan   mewn trobwll   ei geiriau   yn lliwio
o gadair chwarae   enfysau'i hoes.

Rownd a rownd a rownd
mor fyrlymus gaeth.
Ei chleber ysgafn yn suddo yn ein calon.
Sgribls y geiriau'n darlunio dim.
Ei hymson rhyngom yn wydr saim.

Ond yna,
o'i dyfnderoedd duaf,
dyma chwedl newydd,
o wely dyfnaf, butraf ei bod –
un araf, swil, ddi-sigl
yn ymgodi o'r loes
na fyn yr un fam
mo'i chladdu.

'Dafydd Eirian.
Wthnos o fab.
Roion nhw
     "Hefyd eu baban"
ar ei garreg fedd.
Ond Dafydd Eirian
yw
e fyth
i fi.'

A dyna'r cyfan.
Ei ddiwedd.
Ei diwedd.
Y diwedd.

Cipolwg o stori sydyn.
Un pen melyngoch
yn y môr mawr llwyd.
Un march heb arno gyfrwy
i ni ei ddal a'i anwybyddu.

Ac yng nghwymp
ei deigryn llawen,
ymsudda'r bychan
tua'i gwaelodion
yn ôl
ac yn ôl
ac
yn ôl,
cyn diflannu'n dynn
yn riff cwrelau
dwfn

ei gwir

hir

gof.

RODEO'R GERDD

*I longyfarch y Prifardd Aneirin Karadog, a finnau ar
y pryd yn Houston, Tecsas, UDA, cartre'r rodeo*

Rheidiau'r gŵr yw rodeo'r gerdd.
Geiriau hyd angau d'angerdd.
Troelli bob tarw allan,
dofi'r gwyllt rhag difa'r gân.
A'r odlau'n garnau i gyd –
ar f'enaid! – rhewi'r funud!

Reidiaist holl deirw'r rodeo,
y ti'r llyw a'r tarw'r llo,
ond roedd un, un yn ei nerth
yn ei unfan, yn anferth,
yno yn gwawdio pob gair.
A'r gwawd? Hen her y Gadair.

Mawr wegil, bwystfil y beirdd,
profwr pob un o'n prifeirdd.
Tarw garw pob gwron,
a tharw braw llond rhuthr bron.
O fentro arno, rhaid troi
â'r gwybed yn wir gowboi.

'Neirin, y ti sy'n aros.
I'n tarw balch, ti yw'r bòs.
Ti yw'r un trwy'r canfed tro
ar ei gyrn yn graig arno, –
pen-gowboi pob troi, trwy hedd
hen rodeo ein hanrhydedd!

PORT MANEC'H

I'm merch Edwy a'i chyfeilles Emlyn. Eu hunig iaith gyffredin oedd y dyfalu rhwng y Gymraeg a'r Llydaweg ar ynys y traeth.

Tua'r *enez* fach
a'r *traezh* ar *lanv*
sgipia'r ddwy drwy'r *dour*
dorn yn llaw

un bwced, un *pal*
i gasglu *gerioù*
wrth *krapat* i fyny'r creigiau

ac o'r broc, codant *koad*
hen hwylbren yn *pont*
dros *aven* y *kantfed*oedd
fel mai un eu dwy *lamm*
Cymraes a *Bretonez*
rhwng carreg a *karreg*

gorwezañ wedyn
tan *heol* di-*koumoul*
a rhoi *treid* yn *dour*

rhoi clust hefyd at *krogen*
eu hiaith, a'r *mor*
yn rholio *trugarez*
yn hapus *brav*.

BODLONDEB

Sgerbwd o dŷ
a ninnau'n ystlumio
rhwng ei asennau noeth.

Bwyler di-fflam,
bylbiau didrydan,
baddon di-ddŵr,
ond mor brysur hapus
yn ein tŷ bach twt.

Nythwn bob nos –
gosod lloriau,
ailweirio, plymio,
plastro, papuro, paentio,
tynnu croen hen fyw oddi ar waliau
a'r ddeulawr dwylofft ar droi'n balas bach.

Ac yna'r eiliad –
sy'n graith yn y meddwl am byth,
pan yw'r bwrdd yn moelyd
a'r llif a'i ddannedd
yn traflyncu 'nghoes,
y gwaed yn sboncian
fel y jam o frechdanau Mam,
a llais fy nhad yn fy mherfedd:
'D. I. Y.! D. I. *Why*?'

Hebryngi di fi'n handi at y car.
Fel henwr blin, bwngleraf iddo.
Bycli wên o gydymdeimlad am fy mrest,
ac nid yw'r ofn yn brathu cymaint,
nid tan i'r diawl o racsyn
ddechrau pwffian chwerthin,
styfnigo fel mul,
pwdu'n gorn:
dy wysio'n ddidrugaredd
i'w bwldagu i lawr y lôn.

Allan â thi.
Agori ei adain
a phedlo'r disgyrchiant:
hyrddio'r hen eryr rhydlyd
  i
    lawr
      Bryn Rd.
        tua'r 'sbyty.

Ac i ffwrdd â ni –
llond tanc o gariad glas
a'r *jump leads* yno'n barod
ar sedd y cefn.

CYFARWYDDIADAU

'Dim losin.'

'Dim pop.'

'A dim X-bocs i'r bois.'

'Gall Edwy wneud *Facetime*,
 ond dim ond 'da Lois.'

Ond hola'i ddim mwy,
rhag inni gawlio'r drefn.
Nid jobyn Mam-gu
yw bod yn fam drachefn.

AMERICA

Rwyt ti'n borth agored,
ac yn y drws, bownsar
di-wên yn rhyw ffidlan â'i ffôn.

Gwlad I-pad a Facebook,
a neb ar y *subway*
am lygadu'r un sgwrs.

Ti'r saethwr Beiblau,
gan na ddwedi di sorri
am eu sgubo o'u gwlad.

Ti, fy mrawychwr hoff,
yn cloi fy mhlant
yn d'ysgolion diffenest

ac eto,
ryw fore Llun,
byddi'n sgipio ar Fawrth

ac yn trydar yn fuddugoliaethus,
am sut y concraist ti blaned
iti gysgu bob nos ar bigau'r drain,

dy ddryll dan d'obennydd
ac eco dy bader
yn wyneb tywyll y drws clo.

GWISGAF

i ddweud pa bryd
y cei di fod yng Nghymru
ac nid yn Wales

fel pe bai angen caniatâd
arnat i siarad dy iaith

fel pe bai gennyt ddewis
rhwng 'Bore da' a 'Good morning'
fy nghyd-weithwyr hoff

fel pe na bai'n sioc o ddeall
mai'r ddeuair hyn
yw hyd a lled yr iaith
yn dy wlad estron dy hun
a thithau wedi dy ddal
yn rhwymau dy gwrteisi Cymreig
mor uffernol o hapus wrth gwrs i siarad Saesneg

fel pe bai rhyw

wedi ei serio i'n seici tlawd,
a phig fy mathodyn brest
mor feddal â'm tafod clai.

CIPIO

I Marcia Brown Martel, un o'r miloedd o blant a gipiwyd
gan awdurdodau Canada oddi ar deuluoedd brodorol

Am fod ein mamau am fyw gyda'u mamau
a'n plethu i frodwaith lliw eu storïau,

un dydd, heb rybudd, daeth un ddynes eiriau
â chnoc ar y drws, ac o weld y gynnau,

sefyll yn fudan ym mhistyll ei dagrau
imi gofio'i gwedd y mae'r fam hunllefau,

y fam, nad yw'n fam, ond sy'n lleuad winau,
a'm tafod yn nos wedi colli'r llwybrau,

yn ferch, ond i neb, yn ferch i ddwsinau,
er pan gipiwyd fi'n rhydd gan ddynes eiriau

a'm tynnu fel chwyn, er dyfned fy ngwreiddiau,
a'm torri o frodwaith y llinyn edau

fel na wn i fawr ddim am gylchoedd y mamau
sy'n troi gyda'r eryr yr hen storïau;

fe'm tynnwyd o gôl eu cerddi a'u chwedlau,
fe'm rhwygwyd o'r afon a'r coed a'u henwau,

fy nghipio, fy nhreisio, fy rhoi tan rwymau
iaith i'm dieithrio, ac rwy'n gorff o gleisiau,

yn ferch, ond i neb, a'r iaith ar fy ngweflau
yn fy nghipio i fyth i gell ei geiriau.

Y FFORDD I AMARILLO

I'r Celfyddydau

'Ddywedodd hi'r un gair am 'r un meddyg enwog,
na'n danfon chwaith i weld rhyw orsaf drydan,
'm ond cyffroi'n lân a sarnu'r diodydd –
a ninnau heb glywed am Cadillac Ranch:
'Forget the song. Y'all have to go.
It's what Amarillo's really famous for.'

A dyma ni felly, ar wŷs Your Waitress Emily,
i Walmart yn gyntaf, i'n harfogi â phaent,
ac yna'r tawelu, fel pum llo mewn lladd-dy,
o weld y gyr o Gadillaciaid lled gladdedig
yno'n pori mor osgeiddig ecsentrig yn y cae,
a rhyw ddegau o bob cwr o'r byd
megis gwybed o'u cwmpas yn chwistrellu creu.

'Freedoom 2017' tros y Stars a'r Stripes,
'Sue me' tros 'Rick loves Emma',
arwydd CND yn lliwiau'r enfys,
'Kevin', 'Jo', y peth Coexist, a môr o sgwigls plant:
y coch a'r gwyrdd a'r aur a'r pinc yn brefu'n groch
ar ein llygaid swil, a'n gweld yn tyfu'n fawr o'r godro.

Ond, fel o wellt y ddaear, ar gynfas y glesni mawr,
dyma don y creu yn torri ynom ninnau hefyd,
ac fel tri fandal trwyddedig, dyma nhw'n gwasgaru
i weithio ar y Cadillaciaid – ar foned, siasi ac olwyn gefn
a chyweirio'r rhialtwch creu drwy greu mwy ohono –
'Go Blog Yourself', 'Bedoooooo' ac imojis di-ri'.

'Hei! Dewch yma!' – gwich eu tad yn y tes pell,
a finnau'n eurgalonni un 'Tudur + Nia' pinc
ac am dynnu ei lun, a chyweithio un arall –
'Un Tafod y Ddraig enfawr, ie?' – mor lliwgar hyf
â baner y tri a fu am ddwy funud ar y lleuad fawr.
A dyma ni ati, a Chymreigio'r car a'i instagramio.

Ac am awr gyfan, bu'r lloi a fu mor dd'wedwst
yn crio'n uwch na Thecsas, a hen gorff claddedig y car
fel pe bai'n codi i'r nen ac yn ein cludo ni ynddo,
am mai hon ydyw'r ffordd i Amarillo –
y cae Cadillac sy'n rhoi yn dy fys di'r Gair yn Eden;
ac wrth ailagor y glwyd, mi allwn i dderbyn hynny,
fod mam a'i merch yn sgriblo'n ffyrnig dros fy nhafod i.

PORTREAD O DDRWS

I'r Athro-Brifardd Christine James

Brafiach na'r haf i Brifardd
yw drws ar waelod yr ardd.
Nid yw'n ei wedd ond di-nod,
y drws tu draw i'r rhosod,
ond gall awr neu ddwywawr dda
hawlio'i nawdd i lenydda.

Daw'r glaw, ond nid yw ar glo.
Gristine, ar grwsâd yno,
gweli di'n ddirgel dy waith
yn tystio i'w artistwaith –
drws euraidd ei drysorau
na elli ar gerddi ei gau.

Ddydd 'rôl dydd, dei eto'n d'ôl.
Ei drothwy, mor lledrithiol.
Fe gefaist yrfa gyfan
yn glyd yn yr hengwtsh glân.
Nythaist it' yno Athen
tan ganghennau llyfrau llên.

Bu Gwenallt yno'n alltud,
heniaith y gyfraith i gyd,
y braw fyth yn Aber-fan,
a thrin Arthur ei hunan.
Enciliwn rhag ein Coleg
a chael dydd o ymchwil deg!

Di-bost, diebost o dŷ,
diarall i'th bryderu!
Gwell i fardd ydyw'r gell fach
ddideulu'n wledd dawelach:
un awr breifat, ac atynt
tan ganu a gwenu'n gynt.

Dylan, mor rhydd ei dalent –
bu'n rhwym wrth ei gaban rhent.
Hi'r awr brin yw'r oriau brys.
Cuddia pob bardd cyhoeddus.
Mae pawb am y mop o wallt.
Dyn unig *Dan y Wenallt*.

Llef liw haul stafell fel hon
yw lliwiau gorau'r Goron.
Tywys y drws d'artistri –
llond gardd lluniau dy gerddi:
y *vers libre* yn fôr o liw,
môr i'w wely'n amryliw.

O! na chawn i â chân well
esgyn i'r baradwysgell:
neidio i'r ardd a throi'r drws,
a finnau lle bu'r Fenws
â'r ddawn i lun-farddoni,
rhyw gangen o'i hawen hi.

O droi yno am driniaeth
rhag carlamu'r canu caeth,
drws yr archdderwydd a drof,
a'r llên yn chwistrell ynof.
Pa ryfedd y myn Prifardd
un drws ar waelod yr ardd?

BRETHYN

I Jean Huw Jones (Siân Aman), un o sylfaenwyr Ysgol
Gymraeg Rhydaman ac un a roes oes o wasanaeth iddi

Hi a'n gwisgodd ag ysgol – heb i'r iaith
    a'i brethyn hynafol
   dreulio dim; 'does dim ond ôl
   Siân a'i gwnaeth yn ffasiynol.

GWYNION

Myfyrdod wrth gasglu'r plant o'r ysgol yn Sugar Land,
Houston, wedi i egin cyfeillgarwch ddod i ben

Gyhyd yn y pylloedd glo
y bu ein tadau
fel na welwn ni'r hyn a welan nhw –
ein croen gwyn.

Gyhyd
yn wyneb y glo,
gan agor gwythïen
yn ddwfn ynom ni.

Gyhyd
yn y du yn cripad ar eu gliniau,
a'n mamau
yn sgwrio'r baw
tan eu bod hwythau'n chwys-ddyblyg ar lawr.

Gyhyd, wedyn,
yn sgleinio ar y Sul,
yn crafu goroesi
ond yn canu byw;
yn cloddio o Bantycelyn
dân eu Cymreictod –
y tu hwnt i'r Eglwys,
y tu hwnt i'r Sais
nad yw'n deall *gospel*.

Gyhyd
y bu ein mamau
yn sugno'r llwch yn nhai'r bonedd draw
fel na ddeallwn
mai pâr o Brydain –
mai Saeson,
mai gwynion ydym ni.

A chyhyd
yn yr Eisteddfod
yn casglu beirdd,
fel na fu hi'n hir
cyn i'n hiaith ein bradychu
â'i lliwiau llachar.

A chan hynny,
mor sydyn â chynnau'r croeso,
dyma'u sgwrs yn oeri
a dyma dynnu yn ôl eu llaw
i roi i gadw'r llestri –
rhag ofn i'r glo brig o'n tafodau
dreiglo a'u pardduo.

A chyda chlep eu swbwrbia
yn ein cefn,
crwydrwn draw yn waglaw
at un enfys o stryd –
i gasglu'r plant a'u dyfodol
o gymuned fwy amrywiol,
yn gyffredin ddwyieithog
â phob lliw a llun.

Ac wrth rubanu'r Gymraeg
yn y Sbaeneg, yr Arabeg a'r Hindi,
plethwn â'r rhieni
o dan goed cysgodol Sugar Land,
yn olau ond nid yn wynion –
dieithriaid, gartre,
mewn gwlad y tu hwnt i'r Anglos.

CAMPESE

I David Campese ar achlysur ymweliad â Chlwb Rygbi Penybanc

'Pa eisiau rhyw Gampese? – Onid awch
    yr holl dîm sy'n cyfri'?'
   Hola'r pymtheg sy'n rhegi
   camp a naid ein Campo ni.

NID YN EI DU

Er cof am un o'm myfyrwyr disgleiriaf, Telsa Christina Gwynne

Nid yn ei du y cleddir haul ein nen.
Down binc a gwyrdd ac aur at lesni'r dydd,
a'i henfys dros ein chwarae mwy, Amen.

Os cwmwl nos sy'n cuddio'r lleuad wen,
os mygwyd ni gan niwl ar lôn ddi-ffydd,
nid yn ei du y cleddir haul ein nen.

A fynnwn dân o doriad oer y pren?
Mi fynnwn ddawns, a'r fflam yn goch a rhydd,
a'i henfys dros ein chwarae mwy, Amen.

Ryw fore llwyd, a'r golau'n llif drwy'r llen,
bydd gwawl ei gwên i'w gŵr fel llythyr cudd.
Nid yn ei du y cleddir haul ein nen.

O! Angau Flaidd! A ddofir brath dy sen?
Un bwa'n wawr i'n hebrwng heddiw sydd –
a'i henfys dros ein chwarae mwy, Amen.

Fel trai'r Gymraeg, a'i hymchwydd fyth ar ben,
fel llygad ffrind ym mhwll y galon brudd,
nid yn ei du y cleddir haul ein nen,
a'i henfys dros ein chwarae mwy, Amen.

CLOC

(**Wrth i amser brinhau ...**)

Yn nigonedd f'ugeiniau
ni chlywn ef â chalon iau.
Yn ddi-hid – tawel oedd hwn.
Byddar fel fy mab oeddwn.

Ond heddiw, os yw'n toddi
yn ddim yn fy mysedd i,
tic-toc y cloc sy' fel cledd,
ei guro'n ddidrugaredd.

'Garan! Garan!' Â sgrech gu,
galwaf y mab o'r gwely.
Ai mwy taer 'r un larwm tân?
Gorwedd o hyd mae Garan.

Ni wêl ef mor uchel yw
i'w dad (sibrydiad ydyw) –
sŵn cnul oes, sŵn canol oed
a dyn yn gwadu'i henoed.

Ar ei fynwes, erfyniaf.
Cipolwg o'i wg a gaf!
'Dere, awn drwy'r coed a'r drain
a chaeau Llyn Llech Owain.

I'r Park Run – Mae un ynot! –
awn ni'n draed ac yna'n drot.
At P.B. carlamu byw!'
Llyn coediog i'm llanc ydyw!

Sibrwd geiriau. Golau gwan.
Yn is, 'Dere.' Mae'n stwyrian.
I'r Park Run drwy'r perci'r awn.
Yn ei goflaid, rwy'n gyflawn.

Wrth y llyn a'i nerth llonydd,
rhedwn â'r wawr draed yn rhydd
a rhewi distewi stŵr
seiren yr Hen Amserwr.

Yn dalog drwy'r ail dyle,
hwn yw fy llanc, hwn fy lle.
Myn yntau guro'r oriawr
a mi'n iau fy ngham yn awr.

Garan, Garan, â'th law gu
galwa fi'n rhydd o'm gwely –
'Dad! Dad!' – pan gei yno dân
gŵr heddiw yn gorweddian.

I EDWY AR DDYDD MARTIN LUTHER KING

Sugar Land, Houston

O! gwyn dy fyd. Nid wyt ti'n ei deimlo.
Ni chwili'r un wyneb am gip ohono –

y bwgan gwyllt yng nghell eu meddyliau
sy'n prynu gwn ac sy'n codi muriau.

Ar fws, ni sylwi, mai ni yw'r gwynion.
Ni weli Latinos, Asiaid, duon.

Draw yn Fiesta, â'r San Patricios,
ymgolli yn sbeis y Mexicanos.

Amryliw dy fyd, ferch wen yr ysgol,
a phawb a neb yn union wahanol.

Mor bert ag Ardra, mor glên â Sammy,
dy ffrindiau lliwddall, a dim i'w ofni.

A'r mis Ionawr hwn, cei fyw'r breuddwydio
yn rhydd o afael eu bwganeiddio.

PORTREAD O DDYSGWR

C'wilydd arni,
ganol wythnos,
canol y dre.

Ei heglu hi
'r hyd y Kingsway
nerth ei syched.

Agora'r drws,
gweld y gang –
y bît yn treiddio i'w gwaed.

Dacw'r DJ'n troelli:
cyngerdd ei sgwrs
yn goleuo'r dorf.

Dawnsia hithau i'r gân.
Chwyrlïo. Chwerthin.
Barons yn ddeunaw oed!

A than fflach y ref,
mae'r berfau'n llifo;
rownd ar ôl rownd o sgyrsiau,
ambell siot o ramadeg,
a chyn diffodd y golau,
trên-*jager* o idiomau brwd.

Meddwi ar yr iaith,
ond yn ei 'Bore da ...',
difaru dim.

ERFYN AR Y DYLLUAN

I'r Dr A. Cynfael Lake, ar achlysur ei ymddeoliad

F'un swydd yw cyfansoddi,
ond un ennyd fud wyf fi.
Cryg fy llais, carreg fy llên,
crud difywyd yw f'awen.
Ar drai fy ngorau druan.
F'ysgrifau fel golau gwan.

Hunodd rhyw ran ohonof.
Troes berwi ag egni'n gof.
A lawnt fras i'w dalent frau,
lle sgolor y llais golau?
Deryn gwrych 'rhen adran graidd,
y crwt anfiwrocrataidd?

Syllaf i'r nos: nos hen ŵr
yn cwyno, lle bu canwr.
REFau caeth rhyw HEFCE wyf;
grant aid i Gaergrawnt ydwyf.
I'r Saeson yr asesaf.
Rhydychen glên imi'n glaf.

Syllaf i'r niwl: niwl hen was
a'i lên ynddo'n alanas.
Dau o'r gloch! A stŵr y glaw
yn filain-ddigyfalaw;
ac yna, fel o'i ganol,
rhyw wyneb yn ateb 'nôl:

'Hy-ddy-hwt! Hy-ddy-hwt! Ho!'

Tylluan goch, groch, a'r gri
mor agos im' â'm rhegi:
yr un sgrech a'r un naws gras
yno'n waeddwyllt anaddas.
I'r dim! Chwaerdy i'm chwerwder;
fy nghytgan swnian i'r sêr.

Dylluan groch, clyw f'ochain,
ynof, drwof, fel y drain,
a thyrd draw, draw at y drws
agored imi'n gorws.
Cydgwynwn i'r coed, gennad,
a grŵn glyn fel deugorn gwlad.

'Hy-ddy-hwt!' 'Hy-ddy-hwt-ho!'
Rhannwn ni'r awyr heno!
Ypsetio pawb? Sut? Pa waeth?
Gan udo'r un genhadaeth,
ti yw'r nos sy'n teyrnasu.
(Pa loywach na fflach ei phlu?)

Cwdyn yn dew o flewiach
a llygaid byw llygod bach.
Tyrd, ac fe'i rhoddaf i ti.
Ow! 'r adain, pam yr oedi?
Un heno ein hanhunedd.
Tyrd i lawr at wrid dy wledd!

Tyrd, y big! Paid troi dy ben!
Â ffair fyw, deffra f'awen!
Tyrd ataf, ac â'th grafanc,
rhwyga fi'n rhydd rhag fy nhranc!
Fflamau gwanc y llanc sy'n llwch.
Teirant pob difaterwch.

Tyrd, fellten, o'r gangen gudd,
tyrd i'm dwyn, tyrd â'm 'denydd.
Cwyd yma'r academig
â chwa o wynt uwch y wig,
a cher â fi, fy chwaer fach,
i ganol bro amgenach.

Mae'r gaer yn Aberaeron?
Mae'r un gweithgar, llafar, llon –
f'un athro diwyro, da,
fy un tŵr â'i fentora?
Lle'r ddesg heb arni esgus
nac awr frad na gair o frys?

Un a'i fflam yn Ystrad Fflur –
cuddiodd ymhlith cywyddwyr,
a throi fyth i'n hathrofâu
ei dunnell o destunau.
Cyffroes hen ddramâu'r oesoedd,
codi hen faledi'n floedd.

Roedd haul ar ei ddeheulaw,
a thir glân, er gwaetha'r glaw.
Llawenhawn yn y Llyn hwn;
hyd ei rychwant, ymdrochwn;
trochi, ac O! fel trichant,
awn i ryfel â sêl sant.

Heno gwn, pe'i gwelwn, gwaith
a lifai 'nôl â'i afiaith:
dilyw 'rhen ysbrydolwr
ac ail nid oes i'm Glyn Dŵr.
Cynfael hael, Cynfael o hyd
yn ei ddeall, yn ddiwyd.

Llygatgraff Gynfael, syn-godwr aeliau,
gŵr y fanyleb, ac ar fai'n olau;
a Chynfael Arddwr, 'rhen garwr geiriau,
yn ffeirio â'r iaith ei gôl o ffrwythau.
Cynfael ein haf, Cynfael yn hau, – a'n tir,
yn ei lais cywir, fel glas y caeau.

Dylluan groch, clyw f'ochain –
gwreichion gwyllt a sgrechian gwain;
anhunedd unigedd nos,
a mi'n daer yma'n d'aros.
Enaid, tyrd, awn ar ein taith,
a'i symud hi'r nos ymaith.

BWRDD

Sugar Land, Houston

Gartre,
a phawb wrth ei declyn
yn ei stafell ei hun,
fe'u corlannaf yn anfoddog
at y bwrdd,

ond yma,
mewn bocs di-lun
a heb 'ddim i'w wneud'
mae Mam a Dad
mor real â chymeriadau *Fortnite*.

Try coginio'n gêm,
ac anturiwn ein Houston
am fwrdd a lliain a jwg,
inni ymgolli yn ein sgwrs
o ddifri hyd yr oriau mân.

A liw nos, a'r Gwlff
yn lluchio'i ddagrau at ein drws,
mae'r gwenu'n un dros ddec y cardiau,
a'r praidd yn udo'n daer
yng nghlec fy 'Reit'.

BLAENDIR

I Robert

Mentraf iddi,
i gerdd olaf d'ystafell wag.

Ac fe'm trewir
gan y moelni –
cynildeb dy ffarwél
ar y silffoedd pren:

ambell lyfr yn unig,
a ffeil ar fy nghyfer,
a dros dy ddeugain mlynedd
yn f'arswydo'n oer.

A dyna'r cyfan yn ddim,
fel pe na bawn i yno
yn cuddio yn dy *volta*,
dy gyfaill, dy fryd,
ar dy ôl
yn dy ganu di.

CROESAU

Pedair blwydd oed.
Pedair mil o groesau a sêr.

Bataliwn y beddi cefnsyth
yn eu lifrai marmor gwyn.

Tithau'r cadfridog bach
am roi dy law ar bob un.

'Un. Dau. Tri. Pedwar.'
Ac i ffwrdd â thi ...

'Gad iddi fynd,' meddai'r dyn –
fy ngweld i'n estyn amdanat.

'Gad iddi hedeg fel y gwynt.
Gad iddi redeg drwy'r gwŷr.
Hi sy'n cofáu
aberth fy nhad i orau.'

Ac i'r Americanwr,
ti'r fflach o Gymraes
yw'r rheswm dros ei ddod,
            tros ei fod yn Ffrainc:

dy got felen fach
fel pêl o heulwen
yn dawnsio o fedd i fedd.

Cwyd ei gamera, a saethu,
i'th ddal am ennyd,

        ond tr o elli d i'n r h y d d

              y n d y fla e n, ym

         m h i r o w é t

                 y b e d d i.

OWAIN AP DAFYDD

Nid yw hwn ond udo hyll.
Un bwndel tawel, tywyll.
Un wedd hirbell. Un gell gaeth.
Un saig i'r Dywysogaeth!
Un hen ddyn. Un heno'n ddim.
Un a'i ddyddiau'n troi'n ddiddim.

Wyt dan faich ac eto'n fud,
di wedd wyllt, weddw, alltud,
ac arnat, ŵr esgyrnog,
ddagrau dros greithiau yn grog.
Hi Loegr a droes i'th lygad
warth dwfn dy aberth o dad.

Yn ddi-frawd ers degawdau,
unig wyt, a'th fyw ar gau;
wynebau'r co'n anniben
a'th bwyll fel ar ffo o'th ben;
ac yn hen ddyn, gweni'n ddwl,
yn fedd di-lun o feddwl.

Ym Mryste'r gell, pwy bellach
yw gwawr eryrog ei ach?
Ni ŵyr hwn fawr o'i hanes.
A heb ei rym, heb ei wres.
O'i gell, ni wêl ond y gard,
a'i gryd lond geiriau Edward.

Pwy a ddaw drwy'r clo'n awel?
A thân yn gân, pwy a'i gwêl
a rhoi ei olau ar hwn?
O'i alar, fe'i hanwylwn.
Yn ei drem wag, clodd drawmâu –
gwaeth na'r cosbedigaethau.

Un dyn dall dan dywyllwch
mor gudd a llonydd â'r llwch.
Ei wedd wag yn wythmlwydd oed;
hi o'i Wynedd i'w henoed;
a dyn na fu sy' dan farn, –
gwas tywyll y gist haearn.

NIAGARA

Myfyrdod ar fwrdd y bad, The Maid of the Mist, *sy'n teithio hyd at erchwyn y rhaeadr mawr, Horseshoe Pass*

Fel Cenarth tan chwyddwydr.

Fel goleuni Times Square
yn powlio am fy mhen.

Fel syllu ar wyrthiau fil
a syrthio'n fud.

Fel morgrugyn mewn ton.

Fel calon ar dorri.

Fel y tro y'm chwalwyd
gan tswnami f'iselder.

Fel y tro y'm cyfodwyd
gan amynedd merch.

Fel y cwtsh
sy'n maddau.

Fel eiliadau o fab
ar fy mynwes noeth.

Fel y goflaid olaf
cyn yr arddegau.

Ac fel codi'r nos
a'm merch yn fy ngalw.

Fel llewygu
wrth deimlo'i gwres.

Ac fel rhywbeth mwy,
llawer mwy na hyn,
sy' ymhell o'm synnwyr.

Fel clywed lwmp
ac fel teimlo'r cancr.

Fel boddi yn y fan a'r lle
am fod storm yn fy llwnc.

Ac fel rhedeg yn sâl
a churo f'amser.

Fel Cymru rydd.

Fel llythyru drwy Skype.

Fel America groenddall.

Fel marchogaeth y lorri wair
yn ddeng mlwydd oed.

Ac fel fy ngweld fy hun
mewn henlun Beiblaidd –
ym mhedol y mur môr,
a chariad a chas Niagara
yn tasgu yn y tawch:

un smotyn o ddyn
yn erfyn ar Forwyn o fad –
    'Trugaredd!
      Trugaredd!
        Tro!'
imi gael byw
fy ngharlam gwyllt   wrth   ddyfroedd   tawel.

PORTREAD O FORWR

I'm brawd Trystan, adeg cyfnod o iselder

Ni weli di ond y dŵr,
ond y môr sy'n gwneud morwr:
artaith o fordaith, a'th fyw
diwylan fel y Dilyw.
Pa hwyl yw disgwyl bob dydd
ryw newid, rhyw dir newydd?

Diamser dy ddyfnderoedd,
ac yn y dŵr gwn nad oedd
neithiwr na syllwr na sêr –
'm ond swildod mynd d'iselder:
y llong heb arni longwr,
y drymaidd storm ddiystŵr.

Ond tro a chod dy ben, Trys.
Gwêl ambell hen Golumbus
a fu ar yr union fôr –
llongwrs y colli angor,
wedi'u harbed, o'u harbwr,
yn dod i'th dynnu o'r dŵr.

PORTREAD O DAD-CU

Parc Brynmill, Abertawe

Bore bach,
a thad-cu ifanc
yng nghar bach pren y parc,
wrth ei waith,
yn carco'r ŵyr.

Ei *chauffeur* personol,
heb unlle i fynd,
dim ond i ben draw eu dychymyg.

'Tŷ Anti Ann?'
A thry'r car yn gaffi.
'Gwlad yr Iâ?'
A Ta'-cu yw Siôn Corn.
'A beth am y gofod?'
Ac i ffwrdd â nhw, ar ras,
rhag iddo gau.

Ac o daith i daith,
dyma oddiweddyd
tagfa'r llynedd:
boreau'r codi
i'w yrru'i hun
yn dwll o glwtyn llawr
wrth sgwrio'r ysgol.

Gwinga'r pennaeth yn ei sedd gefn.
Ond tan sŵn y seiren fach
gwêl ei fod yno mewn dwylo da.
''Godwn ni'r hwyliau, Ta'-cu?'
Ac mae'r môr yn weddol lonydd.

PORTREAD O ATHRAWES DDOSBARTH

Yng nghoedwig
yr ystafell ddosbarth –
trwch o blant
a'r niwl yn drwm:

ambell helygen ddiffrwyth,
ambell griafolen foel
yn rhyw fyw-farw
yng nghysgod hir
y deri digyfeiriad,
y copaon clyfar
a'u canghennau praff
yn 'mestyn trostynt,
rhyngddynt, danynt,
fel pla o rocedi'n rhuo
tua'r nen, tua'r golau,
tua'r blaen.

Hi'r Goleuni –
fe'u gwêl.
Pob un ohonynt.

Fe'u câr.
Fe'u cyrraedd –
pob un ohonynt,
pob ysbrigyn bach,
pob un ddeilen ddwl,
a heb dorri
a heb docio dim.

Fe'u hatynna oll
fel cochwydd Califfornia
i fyny at fflam ei meddwl,
goleuni eu twf.

Anodd credu yn awr
fod ynddi nos ddileuad
a storm o ystlumod lond ei bron;
llygod yn llarpio'r mennydd
yn ogofâu'r ddwy glust;
fod modd i haul mor ddigwmwl
bylu a diflannu.

Un danbaid ddisglair
yn ymdrech ei gwên –
ni wêl hi mo'r helyg
tuag ati'n hedfan;
na'r deri'n llawn criafol
yn tyfu drwy'r to,
'm ond du'r iorwg
drwy grac o fur
yn estyn, estyn, estyn,
dros ei herw o dir.

O'R CYSGODION

Wrth wylio'r ffilm **Hidden Figures** *yn Sugar Land, Houston*

Yn swildod y sinema
syllwn yn eofn ar y sgrin
ar dair mor dywyll a chuddiedig â ni

gwragedd y cysgodion
plant y caethweision
ffigurau coll

eu gwaith ar eu gliniau
yn eu toiledau clo
ben arall y ffatri ofod

rhag iddynt halogi'r lle

rhag iddynt gredu
i America newid
a bod modd i wynion a duon
rannu'r un llwy de
wrth i'w sgwrsio roi.

Credu hynny a wnâi'r tair.
Credu a serennu
a rhoi eu golau'n allwedd
inni gamu o'r cysgodion
i nef a daear newydd:
i Houston ddibroblem
lle y gall gwraig
fathemategol bur
rocedu'r gofod
waeth beth yw lliw ei chroen.

TŶ TAWE

Ar achlysur dathlu deng mlynedd ar hugain o weithgarwch
dros yr iaith yn Nhŷ Tawe, Abertawe (2017)

'Drychwch ar fardd a drechwyd!
Pob gair sy' fel llesmair llwyd.
Gwelwch mor wyn y gwelwais,
a hen frain llwfr yn y llais.
Lle fy nghân? Lle lliw fy ngwedd?
Do, mogais yn f'edmygedd.

Fel dysgwr swil, eiddil wyf,
un droed ddihyder ydwyf,
un nerfus yn anorfod,
yn gul ei iaith yn ei glod,
gan na all yr un gân wâr
i'ch tŷ gamu yn gymar.

Gwenaf, ond annigonol
i hyn o lys yw hen lol.
Rwy'n fud a gwanllyd, fel gŵr
yn oer o flaen ei arwr;
ei goesau'n nogio eisoes:
llencyn o flaen eilun oes.

Ond O! dŷ gwych, da y gwn
nad oes eisiau ond sesiwn –
cwmni teg, cymen y tŷ,
a daw ebrwydd-ddadebru!
Rhydd eraill i feirdd eiriau,
a'ch synau chi sy'n iacháu.

Awr lawen yw 'mherlewyg.
Yn saga'r iaith, ers Rhys Gryg,
buom gyhyd mewn byd bach,
a'r Gŵyr yn fyd rhagorach:
sŵn agos ein Seisnigo
yn bwrw'r iaith rhag ein bro.

Ond fel Rhys, â dyfal rwyd,
inni'r Gŵyr a agorwyd.
Yn drahaus, myn y dre hon
nad yw eisiau ond stesion
a'i hoff lanc am ffoi o'i wlad
ddiwreiddiau, ddiwareiddiad.

Mil dau un dau – dan y don.
Y Gŵyr yn nwylo'r Goron.
Hi'n falog finiog. Hi'n fwrn.
Ceiliog talog y talwrn.
Yn yr awr hon, pa wawr, Rhys?
Pa air dewr i'r pryderus?

Rhuaist a diawliaist eilwaith:
'Nid "Pura Walia" mo'r iaith.'
Ond iaith i'r mud, iaith i'r Mers,
iaith gofyn ffaith ddigwafers –
'Paham tu hwnt i'r Aman
mai tôn y Goron yw'r gân?'

Hyd y bryn, llygadu'i brae
a chyrchu'n wych â'i warchae.
Fel eryr ei filwriaeth!
Un gwegil sydd ganmil gwaeth!
Unben a'i gledd *heb* ein gwlad!
Ei dalwrn? *Ein* hadeilad.

Tir wast yw'r un heb gastell.
Bydd pawb megis beddau pell.
Ond o gael llys, dygwyl llên,
byddwn le, byddwn lawen:
un gaer a hithau'n 'gored,
a'r iaith ohoni a red.

Nid oedd mawl Prydydd y Moch
ond trosiad i'm mawl trosoch.
Yn fardd i Lywelyn Fawr
rhoes ar Rys enfys enfawr:
Rhys di-fyd, Rhys dyfodol,
Rhys tan ddŵr, Rhys tân y ddôl.

A Rhys Gryg, dros ei grogi,
yn ail-fyw a welaf fi:
y brawd – ein beiro o'i wain
lawn llid ffurflenni llydain!
Ei reg – ein deg ar hugain!
Rhof ei wawd ar arwyr f'oes,
a thŷ gofal iaith gyfoes!

DYLANWAD

I'm modryb Ann, a'i bowls

Un bias sydd i'n bywyd. – Yn deulu,
   cawn ein dal a'n taflyd
  gan eco'r rhai'n gu o'n crud
  a'u naws yma'n ein symud.

GONZALES

1936, blwyddyn canmlwyddiant Tecsas

Yng nghefn y dosbarth,
a'i fam mor falch ei fod yno –
iddi ei gael i fewn ar gyfri' ei groen golau,
eistedda Gonzales
a gwrando a dysgu
am sut y bu i Antonio López de Santa Anna
eu merthyru i gyd –
Travis a Bowie a Crockett
tan ei faner waed.

Eistedda'n fud, megis corff,
a theimlo'r cyllyll
yn parhau i dywallt gwaed
y Texians llonydd,
a'r cas at y Mecsicaniaid
fel pe bai'n corddi ynddo –
mor ddrewllyd dew â'r mwg
a sgrechiodd o'r pentwr cyrff –
'Cofiwch yr Alamo!'

'Chlywodd o'r un gair
am Gapten Juan Seguín,
na gweld ar y muriau
'r un Tejano yn colli diferyn,
ac yn y *barrio* heno,
'fydd 'na ddim blas
ar *tortillas* ei fam,
'm ond awydd i garthu'r gwarth
a'i llenwodd yn ysgol yr Anglos.

RHOSILI

Cytunodd ar hap
heb ryw feddwl,
fel y gwna deallusion.

'Yn sicr, fe ddof fi draw.'
Mae'r Cymry ym Mhrydain
fel Mecsicaniaid Tecsas?
Gallwn weld y chwilen
yn troelli'n dwll yn ei ben.

Ac ymhen y mis,
dyma nhw'n barsel ben bore
o Baddington i Abertawe,
efe, ei wraig, a'i blant,
ac o fod yn sgwrs gynhadledd fer,
rwyf fi bellach yn *tío* hoff.

Nid oedd Cymru ar eu map.
Darlithio Durham a Rhydychen oedd y nod.
Troi rhyngddynt am dyrau Caeredin
cyn olwynio'r Thames.
Ni ŵyr neb yn America
am gestyll na thraethau 'Gorllewin Lloegr'.
Ac eto, dyma nhw, ni, y Tejanos –
Americaniaid, nid Anglos,
Mecsicaniaid Seisnigedig,
ar drywydd perthynas od.

Trown yn blantos at Rosili,
ac wrth arafu ar y lôn gul,
olwyniwn y cyfatebiaethau –
Ruth Madoc a Sofia Vergara,
'Corky' Gonzales a Gerallt Lloyd Owen,
Gloria Anzaldúa a Menna Elfyn,
mur Trump a Chlawdd Offa'r meddwl.

Ac yna ... chwap!
Fel Cymro ar chweffordd Houston,
rhythant yn gegrwth fud ar y traeth gwyn,
fel pe bai'n stop stond yn nhagfa'r synhwyrau.

Camant yn betrus at eu lleuad euraidd.
Nid carlamu fel meirch. Nid fel *Rangers* paith.
Ymwreiddio yn hytrach, fel *mesquite*,
a sugno, trwy fysedd eu traed,
ryw barhad dwfn o'r dŵr hallt.

Holant, draw, am y bwystfil o benrhyn –
hi'r graig na ellir mo'i chyrraedd
ond pan fo'r môr ar drai.
'Pen y Pyrod,' meddwn i. 'Worm's Head.'
'La Cabeza del Gusano.'
Ac eto, fel ar hap, dyma'i gyrchu gyda'n gilydd,
er na wyddem ddim oll awr y llanw:
ymsgwrsio draw, canu anturio,
dyfynnu Waldo a Lalo am yn ail –

rhag i'r Anglos erydu ein dychymyg bob awr
a'i gladdu'n ddidrosiad yn eu môr mawr.

GWEDDI'R GWRTHGILIWR

*Cerdd sy'n ymateb i'r profiad o golli ffydd, gan
ddwyn i gof y tro y bûm i'n rhan o fedydd hen wraig
o lwyth y Masai yng nghefn gwlad Cenia*

Y cnawd hwn, yn ei bwll bas,
                         O! Dad,
cwyd fi fel gwreigan o wely'r afon.
Wrth deimlo'r llif yn nhro ei chalon,
roedd ynddi D'awyr las.
A thân y nen ar losgi'r gwrych,
tyn fi o'r dŵr dan ganu gwych.

Y corff hwn, llugoer ei waed –
bodda 'ngwar hyd raean fy ngwaelodion.
Chwyrligwgana 'mhen gofalon
yn bwtyn blwydd wrth Dy draed.
Ceraist fi'n slwtsh, Drugarog Un.
Cwtsh ar ôl cwtsh, Drugarog Un.

Eto wyf bren cnotiog, crwm.
Gogleisiaist hi – deilen D'awelon.
Rho ddawns ei llwyth yn fy modiau noethion;
f'esgyrn fel ffyn ar ddrwm.
Trochaist hi'n rhydd ym medd y dŵr –
yng nghroth diferion t'wylla'i Gŵr.

Ai fi oedd hi, tan goron ddrain,
fel pistyll gwaed yn codi o'r afon?
Cynnal hi, â rhaffau aur D'angylion,
ynot dy hun – O! Grist.
Hen ffydd fy nhad, gweddïau Mam –
pa le'r gwreichionyn fu yno'n fflam?

AI DDOE OEDD HI?

I'm mab Garan

Ai ddoe oedd hi
yng nghesail hen gastell Cricieth –
dy gewyn yn gwagio'r môr
a'th wyneb yn llawn traeth
a ni ein dau
law yn llaw
drot drot
dros y tonnau tyner;
finnau'n dadol
yn dy gymell at dy ganol
imi gael dy weld
yn morfila heddiw
drwy donnau gwych Llangynydd
yn bedair ar ddeg mlwydd oed,
ymhell o'm gafael,
draw'n rhy eofn bell o'm gafael
y tu hwnt i'r don,
y tu hwnt i'r don,
a'r môr yn prysur dreio
trwy fysedd broc
dwy droed
ry segur
o draeth?

CÂN Y CEFNOGWR ALLTUD

O'n tŷ yn Abertawe,
draw i gyfeiriad y dre,
y mae stadiwm. O'm stydi
dawel, braf, fe welaf fi,
och! y Gweilch, a'u plyfiach gwyn,
a gwelwach wyf na'r gelyn!
Grys ar ôl crys, daw'r croesi,
heibio'r tai, i'w LIBERTY.

Os sŵn hwyl oedd San Helen
mae'r chwarae ar gae eu gwên
yma'n well. I mi, mae'n waeth!
Diwygiad! Erledigaeth!
Un lôn wen Alun Wynnach –
y faneg am bymtheg bach;
y Llew, y Dwrn, a'i holl dŷ,
y diawliaid, yma'n deulu!

Seren aur sgarmesi'r nos?
Dan Biggar, dyn heb 'agos!
Trwyn ei bàc, teyrn heb ei ail,
Biggar i bawb fel bugail.
Cic gomed, ac mae'n hedeg,
a bydd un heibio i ddeg,
fel Shane Dda, fel sioe un ddawns:
o inersia, hanersiawns!

Dyma stadiwm y stydi, – a'r Morfa
      yw'r ymarfer rygbi,
    lle na all ond Llanelli
    lawenhau fy nghalon i.

Oherwydd llond eu hiraeth
yw dwyfron y galon gaeth –
am un sydd i mi a'm mêts
yn gorlan, Parc y Scarlets.
Fy nghân o ias! Fy Nghuinnell!
O! mae'n grefydd, myn Gravell!
Hen dŷ fy nhadau i yw
a'm byd i'm mab i ydyw.

Ond ymhell o Lanelli,
wyf lwybr twyll, wyf LIBERTY.
Wyf fy ffenestr, wyf estron,
wyf hewl i'r olygfa hon,
wyf f'arwyr, ac wyf arall,
wyf tan eu pyst, wyf dyst dall.
Wyf Nedd-Tawefan heddiw,
wyf frad ysgarlad ei friw.

Os 'studiais Weilch y stydi, – fe wn wir,
        er fy nwyn ohoni,
    na allant ddwyn Llanelli
    heno fyth ohonof fi.

Y GYMRAEG YN AMERICA

Cyn wired â myth Madog –
disgwyliwn ei gweld
rywle, rhywdro
yn neidio atom
fel hen ffrind dieithr, od –
y math o ffrind sy'n esgus
eich mygio yn y stryd.

Ei disgwyl,
nid gan blant y Crynwyr
yn Philadelphia
na phlant y ffermwyr a'r chwarelwyr
yn Jackson County –
y Cymry a Angloeiddiwyd
yn 'y winllan well',
ond Chweched y Gŵyr, efallai,
neu griw o Dryfan,
yn morio'r anthem
ar risiau Times Square,
neu Gymraes o Lanilar
mewn lifft yn Macy's,
a hi bellach yn 'steddfod Vegas
fel *backup* Britney.

Ond yma?
Yn Nyffryn y Meirw?
Ym mhant isaf, diffeithaf y wlad –
lle y syrth y gwenoliaid
o boptu'r awyr,
a lle na throcha'r un mul
ei weflau crachlyd
wrth fwrdd y llyn hallt hwn?

Yma?
Yn y Dyffryn Marw?

Yma
a ni'n ymdoddi dan ambarél chwilboeth?

Ie, yma, o bob man.

Yma yr oedd hi'n cuddio,
ar ffurf Cymro o Ben Llŷn
na welodd hi
ers ugain mlynedd yn L.A.,
ac yntau,
fel ninnau,
yn llusgo ei gorff
dros grwst yr halen o lyn.

Yma,
fel sioc o'r gofod,
y tiwniodd ei glust
a rhwbio'i lygaid yng nghryndod y tes –
fel pe clywsai ei fam
yn ei alw o'r ardd
at fwrdd o fara jam ceirios
a'r llefrith yn oer drwy ei farf,
a dyma garlamu siarad
a drachtio'n ddwfn
ac yn wyllt
yn y sychdir mawr –

ni'r Gymraeg
fel lili'n ymagor
yn ei enaid Americanaidd, crin.

Y TREFNYDD 'STEDDFOD

Cerdd a ganwyd adeg stomp ym Mhontarddulais
er mwyn codi arian i'r Urdd

Os y dasg ydyw creu stŵr,
os twmpath ydyw'r stompiwr,
ni wn wir a ddylwn i –
wyf wir ddawnus! – farddoni.
Ond rhag ofn nad twrw i gyd
a chwen'wch, gwrand'wch ennyd.

Fel deddf, bob tro 'ceir 'Steddfod,
rhannu 'wnawn yr un hen nod;
yr un yw'r her, ar ein rhan,
cydwario'r codi arian.
Gŵyr pawb fod pwyllgor apêl
un achos yn anochel.

''R un yw'r drefn,' meddai'r Trefnydd,
'codi'n deidi at y dydd,
ond nid o raffl i raffl 'r awn –
mae'r rhoddi mor amryddawn:
ffasiwn ac ocsiwn a gais
Urdd-ddeiliaid Pontarddulais.
Mari Lyn mewn môr o las;
Llew'n weddol – lliw anaddas.'

Wrth wrando arno, O! Dad,
yn swnian, cefais syniad.
Os am drip, herwgipiwn
hen wedd hyll y Trefnydd hwn:
i lawr ag e' i seler gudd,
i Down-hill, dan ei hewlydd.

I'n hoes fodern, gwnes fideo
ohono'n glaf a than glo –
un llanc go ifanc a gwan
ar farw'n arf i'w arian.
'A boy is ransomed by bards,'
a ddywedodd Huw Edwards.

Gyrrwyd ei wallt i Gaerdydd.
Plediwyd â chwip o wleidydd –
un nad oedd dyled o ŵr
na fôt yr Eisteddfotwr
yn meddwl fawr ddim iddo:
dyn a'i wên yn dwedyd 'No'.

Dyna pam, Hallam o hyd
sy' yma'n methu symud:
gaddo'r wyf gywydd ar ran
cadeiriau'r codi arian,
a rhyw ddydd styriaf ryddhau
llyw geiriog ein pwyllgorau.

TAMAID

Sgwrs yn y dyfodol

'Ai tamaid oedd Geraint Tomos?' – 'Sbrigyn
    o blentyn, ond blantos,
    daw i'r bach ei *Dour* heb os.
    Eich mawredd. 'Chi am aros?'

PORTREAD O SEICIATRYDD CYMRAEG

Roeddet ti
i fod yn garreg wydn
yn finiog
yn gryf
yn seiciatryddol-broffesiynol
yn oeraidd-gysáct

ond mor feddal-gynnes
yn f'ymyl oeddet ddyn
yn gwrando'n astud

ac mi droist yn sbwng
a sugno o ddyfnbwll
fy nghalon
dy ddüwch eithaf dy hun

fel Icarus druan
yn hedeg yn rhy agos i'r haul

ac nid ti oedd yno
pan ddes atat â'm cors teimladau
y tro nesaf

roeddet ti'n Sais
ac yn swrth dy wyneb concrit
yn cuddio y tu ôl i fynydd o ddesg

yn gwybod o brofiad fel petai
mor heintus yw stori drist.

LALO

*I'r bardd Lalo (1931–2004), un o arloeswyr
canu Mecsicanaidd-Americanaidd*

Cenaist tithau'r gân –
'Dw i isio bod yn Sais'.

Dysgaist eu hiaith.
Rhoist iddynt dy blant.
Fe'u bedyddiwyd o'r newydd.

Troes Ana yn Anne,
Alicia yn Alice,
Arturo yn Art,
Alfredo yn Freddie,
Angélica yn Angie,
Amelia yn Mellie,
Andrea yn Andie.

Do, cenaist yn lew.
Ymroi i'r gân.
Dawnsio fel Anglo.
Ac eto, ganol nos,
dyma'r bownsars atat.
Am mai *fel* Anglo ydwyt ti.
Am na ddysgaist liw eu croen.
Wastad ar y tu fas.
Hyd yn oed yn eu canol.
Yn methu wrth ymgymathu.
Yn wahanol, debyg iawn.
Yn Anglo brown.

TEIMLAD

Parc Dewi, Caerfyrddin

Bûm i yma o'r blaen,
pan oedd y lle'n llawn cleifion
ac nid swyddogion addysg,
ond yr un hen ias
sy'n fy hebrwng
ar hyd y coridorau hir,
yr un eco gwyllt
sy'n cerdded y waliau moel –
yr un hen sgrech, sgrech, sgrech
ynghrog yn yr awyr drom,
a'r un yw'r teimlad
fy mod i ar goll
ac mewn sefydliad
gan mor eithriadol ofnadwy bell
yw'r olwg ar ambell un,
y trigolion truain
sy'n gorfod llyncu
rhes o bolisïau blin
cyn deg o'r gloch
a rhedeg yn eu llesgedd
y coridorau hyn
tan ddisgwyl gwella,
pan nad oes 'na wella
i fod,
o fod fan hyn,
ar wahân,
mor bell oddi wrth bawb
sy'n caru chwarae.

CÂN Y MAB

Cerdd sy'n ymateb i lun o R. S. Thomas ar glawr cyfrol yr
Athro M. Wynn Thomas, R. S. Thomas: Serial Obsessive, *a*
hefyd i sylwadau diweddar fab y bardd, Gwydion Thomas

Mae'n aros imi'n wireb –
dy rythu'n hir yn nhir-neb.
Gwn ym mloedd dy ganmlwyddiant
mai delwedd yw sylwedd sant:
rhychau d'oes a sgrech dy wedd,
enaid oerach na'i dirwedd.

Y cawr o glawr yw'r gerdd glo:
un eiliad o'i hir-wylio.
Yn syllu, arno syllwn.
Drwy'r gwynt mae'r hyrddwynt yn hwn.
Un drem fawr yw drama'i fyw:
undyn yn aros unDuw.

Y wedd yw dwylaw'r weddi
dan glo, yn ei heco hi.
Oes o aros – mae'n suro.
Ei llach sy'n g'letach na glo.
Shifft ar ôl shifft, pa wir siawns
i weddi droi'n oleuddawns?

Fel Munch, ar y foel y mae
yn chwerw o'r camchwarae:
un dyn yn chwilio am Dad,
un gŵr, am gip o'i gariad,
ac mi wn mai gêm unig
i'r mab ydyw'r chwarae mig.

'Lle 'nhad? Lle 'nhad?' Sylla'n hy.
Nid gair yw 'Rwy'n dy garu'.
I fab, mae'n olygfa fyw.
Erioed, ei eryr ydyw.
Hebddo, ynddo, bydd hen ddyn
A'i 'dybed?' lond y dibyn.

PORTREAD O SIOP

I Bobi a Beti Jones

Lle'n y byd mae Llanbadarn?
Hen le bach i lywio barn!
Ond os trowch â Phost y stryd,
yn pefrio, cewch siop hyfryd:
un tŷ ymysg y tai oedd,
siop dŷ yn gwerthu gwerthoedd.

Un tro, ac roedd yn reit rad,
es yno i brynu syniad.
I fewn, a daeth ataf ŵr –
Athro yw, theorïwr.
Ond yn wir 'm ond gwrando 'wnaeth.
Dyn oedd, nid diwinyddiaeth.

Dyn annwyl â dawn anodd.
Cymer nid mater ond modd.
Odlwn ni, ond Odl, Un yw.
Rhaid ac egwyddor ydyw.
Ac yn ei siop ceid popeth
i bawb ond o holi 'Beth ...?'

Bob amser câi'r cwsmeriaid
hir holi Bobi'n ddi-baid.
'R. M.' mawr oedd ar y mur
a rhaid yw gweld yr Awdur.
At y gŵr fel walet gall.
Ni wariem ar neb arall.

Ond arall yw'r awdures
a rydd yn ei galon wres,
a fu iddo yntau'n fodd –
hi'r theori a'i strwythurodd.
Os da'r 'R. M.' dros y drws,
hi'r ystyried, hi'r storws.

Hi oedd sgwrs ei ddisgyrsiau, – o'i Saussure
        i'w Said-Dderridau;
    hi'r ddysg a gynghorodd ddau,
    hi'r Guillaume rhag ei amau.

A mwy na chynorthwyydd – ydyw hon.
        Nid yw un golygydd
    yn rhannu ffordd yr un ffydd,
    yn briodas o brydydd.

Ei fyd oll, ei Dafod yw,
erioed ei lyfrau ydyw,
naws y gân cyn ei sgwennu,
y siâp tu ôl siop y tŷ,
ac i'w Fawl bu'n gyfeiliant;
ac roedd eu dysg yn gerdd dant.

DELGADO-PRITCHETT

I'r Latina ar y gyfres deledu Americanaidd **Modern Family**

ymddangosiadol hafal
cyfenwol-gyfartal
yw si-so
ei henw
Delgado-Pritchett

ond dan bwysau'r Anglo
ni all y Latino
ond cydymffurfio

tynnu'r chwib o'i phen
a diosg y *poncho*
yn ysgafn ddi-hid

iddi godi fry
ei dwylo'n fflio
ei bronnau'n woblo
a sgrech y *diablo*
lond ei hacen

y Pritchett ar lawr
yn ei chodi
a'i gostwng
yn ôl ei bwysau cawraidd
ei hun

'Delgado ryfedd
ddisylwedd
fy si-so.'

PORTREAD O DROSEDDWRAIG

Help mae hi ei angen.
Help.
Dyna oedd y bont.
Ei gwaedd amdano,
rhag iddi wneud amdani ei hun.

A hi'n gythreulig isel,
dringodd y reilen
yn boenus o ofalus –
fel un mewn twll,
fel pe bai'r bont yn dwnnel diddiwedd.

Caewyd y draffordd.
Roedd ynddi glwyf agored –
nid yn ei choes simsan
a'i loes yn pistyllu
dros weipars coch y ceir,
ond yn ei chalon galed
a'r waedd am help
yn brwydro â'r ysfa
i gofleidio lorri.

A chan hynny,
nid yn 'sbyty
y mae hi heno
ond yma
mewn cyffion,
mewn cell,
am fod yn fandal traffig anghyfrifol, dwl,
am weiddi 'HELP!' fel artist,
fel bardd,
yr hulpan wirion.

STEVE BANNON Y NAWFED GANRIF

Mersia, ar y ffin â'r Cymry

F'Arglwydd Offa,
nid clawdd fydd y clawdd,
ond proclemasiwn –
rhyfelgri o furlun
o fôr i fôr,
a bydd Powys a Gwent
a'r Cymry oll
wedi eu parlysu
yng nghorlan eu meddwl –
yn syllu'n hurt
ar ryfyg y fath beth,
ar Alpau'r gost
a'r drefniadaeth
i'w cadw rhagom,
a rhag y Pab.

Ond hwn, y gwahanfur,
eu clawdd terfyn, druain,
hi'r wal, hi a gwyd yn Rhufain
i chi Schola Saxonium,
a bydd Wessex a Northumbria
a holl wledydd Cred
yn deall o'r diwedd
nad oes a'ch rhwystra chi, Offa Rex,
brenin y mur mawr,
brenin y Mersiaid
a'ch gair yn ffin ddigyfaddawd
o fôr i fôr.

Duw a ŵyr, Frenin,
na'ch gelwir yn y farchnad na'r llys fyth eto'n ffug!

TÂL

Ymgyrch recriwtio Glyndŵr

Ni chei weld y byd na chwaith
anwesu ambell noswaith
o fwynhad. Ni chei fan hyn,
ond â'i her, fyd dihiryn:
byddin yw hon heb eiddo
a phawb sydd ynddi ar ffo.

'Dyw'n addo dim. Daw'n ddi-dâl
i feudwy, a heb fedal.
Cyfle'n unig yw'r cyflog!
Rho i'r wlad d'einioes ar log, –
ei rhoi'n falch i'r tir yn faeth
â bedd yn gydnabyddiaeth.

BARDDONI

yw mis di-fêl mewn gwesty rhad yn Houston
a'r stafell i bedwar (i bump)
ryw fymryn yn llai bob dydd
wrth i bob un asiant tai
gau'r drws yn g'letach arnom
yn ein twll.

A barddoni
yw ffonio pob un ysgol yn y cylch
a mynd i'r sw yn y pnawn
i gydymdeimlo â'r arth
sy'n troi a throi yn ei ffau
heb unlle i ffoi.

A beth am
bing-ping-ping hunllefus y lifft
a bomiau'r peiriant caniau ganol nos
a finnau'n troi a throsi
ar garreg chwilboeth o obennydd
wrth i'r pâr drws nesa'
ddechrau caru rhegi
i gyfeiliant Fox News?

Ond barddoni hefyd
(wrth ganfod ryw fore Gwener
nad oes 'na Nutella ar fore Gwener,
dim ond waffls di-Nutella)
yw teimlo dieithryn
yn sleifio i'm llaw
lond dwrn o *sachets* siocled,
ac rwyf fi'n dad hollalluog am ryw eiliad fach.

CARIAD

oedd codi â'r becws
a rhedeg drwy niwl y môr
a'r strydoedd poteli gweigion
at hanner gwlad o fws
ac ataf fi

pan nad fi
oedd yno ym mhen draw'r daith
ond y tri mis ohonof
na wn i ddim amdanynt

pan oeddwn yn gorff
ar gau
mor gymylog dywyll â'th nos ddi-sêr
a'r seiciatrydd
am weiro'r hen ddoli glwt
a'i hysgwyd
â'i sioc drydanol

ond mi synhwyraist
bob deigryn o'r ffordd
mai'r unig therapi
rown i ei hangen
oedd cwtsh tri mis

dy gwtsh tri mis
imi godi'n ffres
yng nghryndod gwres dy fynwes
mor dyner obeithiol
ag arogl y bara
yn Aber y bore bach

cyn i'r golau godi.

LLID (1)

'Llid yr ymennydd,'
meddai'r meddyg,
a thithau bwtyn
ond yn ddydd oed.

Fe'm parlysodd
â'r sioc,
ac nid fi oedd dy dad
pan draddodais di iddi;
ei gwylio o bell
yn dy gywasgu'n bêl
a thynnu'r hylif
o'th asgwrn cefn,
a'r gwaed o'm hwyneb.

Ac wrth aros wedyn
yn fud
am ei dedfryd oes,
yn fy mhen a'm calon
roedd dy dridiau'n dri gair o dynged:
'Llid yr ymennydd'.
Llid ar d'ymennydd –
fel fflachio mellt
yn y pellter
a'r storm o'i genau
yn dal i ruo ynof.

Am ddydd a nos ac un nos o ddydd
mi 'steddais yn welw-fud yn eco'r 'llid',
'llid yr ymennydd',
a theimlo ei grafanc du
yn fy niberfeddu.

LLID (II)

'Efallai mai llid ...'

Â chlust mam
lawn sgyrsiau nawmis
dim ond yr 'efallai'
a glywodd hi,
a chau ei llygaid.

Teimlodd yn dy siôl
wres dy haul
dros Barc Waun Dew
a thithau'n ddeng mlwydd oed
yn sgorio *hat-trick*
dros Drefach,
er ei bod hi'n ddwy i ddim
ar yr egwyl
a finnau yn y car yn barod,
heb brofi'r wefr erioed
sydd yn nerth dy gic.

Dim ond yr 'efallai' sicr
a glywodd hi,
a hi'n hen gyfarwydd
â giamocs
ei gwyrth o fab.

ENNILL TIR

Er cof am yr Athro Hywel Teifi Edwards, Aber-arth

’Ddaw ’na neb? ’Fyn ’na neb nawr
galennig ddygwyl Ionawr?

Twt! ’Does na chrwt na chroten
â sill pennill yn eu pen.
Neb â’i fryd ar hybu’i fro.
Neb â iaith i obeithio.
Ni ddaw’n rhwydd inni’r flwyddyn.
Ni fyn neb ddod i fan hyn.

’S neb ’lan? ’Oes ’na neb ’leni?
’Fyn ’na neb ofyn i ni
euro’i law ar ŵyl a oedd
ddoe’n bennill, heddiw’n bunnoedd?
’Ddaw ’na neb. ’Fyn ’na neb nawr
galennig o law Ionawr.

Ai heb wyneb yw Ianws?
Onid yw’r wawr wrth y drws?
Ac eira fel y garreg
onid yw dwy fil a deg
yn gri ac ynddi hen goel
am fargen lem ofergoel?

Yn Aber-arth, do, bu ’rio’d
galennig, fel gwylanod:
drwy’r plwyf fe raeadrai’r plant
yn firi o lifeiriant,
a’u chwerthin yn golchi’n gân
ddyddiau celyd, ddydd Calan.

Dylifent, drwy'r tai, nentydd
o fawl i'r fordaith a fydd,
a rhoi ym min pentre'r môr
foregan dros fyw ragor.
(Os hŷn na gras ein hen gri,
hŷn ein goddef na'n gweddi.)

Y cyntaf draw i'n cyntedd
yn glyd ei glod a gâi wledd.
A châi côr neu denor da
droi atom i ladrata!
Ond pob dyn, pob un a'i bill
a gâi geiniog, ac ennill.

Rhyfedd o fyd! Hyd yn hyn
fe lwyddwyd bob un flwyddyn.
Llanc y llynedd – lle heddiw?
Lle egni'i droed? Lle'i gân driw?
'Fyn na neb ofyn i ni?
Bwceidiem ei bocedi!

* * *

Mae rhywrai'n stwyrian. Mi glywaf ganu,
ac o'r ardd farwaidd gerdd i yfory:
twrw adenydd yno'n trydanu
a gwawr y flwyddyn yn gorfoleddu.
Af i'r ardd at yr adar fry. – Canant
i ni ein haeddiant a'n hadnewyddu.

* * *

Duw a ŵyr mai aderyn
purgan yw hoff degan dyn.
Ho! Gyffylog, fy hoff un!

A geni di'r fargen deg
eleni, fy nhelyneg?
Ni phoenaf am dy Ffinneg!

Ergydiaist draw o'r goedwig,
ti'r araith berffaith o big,
a glanio yma'n g'lennig.

Wyt aml naid, wyt ymlaen 'nôl,
wyt ail daith, wyt le dethol,
wyt wib hàst, wyt apostol.

    'Taw â'th sôn! Tithau y sydd
    yn fawl dof. Wyt fel Dafydd!
    Dynion a dynn adenydd!

    Wyf 'wib hàst' rhag brecwastwyr!
    Wyf saig ar eu gwefus sur!
    Wyf faes seithug! Wyf saethwyr!

    Nid yw'r awen fel drywod!
    Ni chanaf fi. Ni chawn fod
    yn un llef er mwyn defod.

    Pa raid wrth dy wep brydu?
    Heddiw a fydd. Ddoe a fu.
    Da feuryn, daw yfory.'

O-ho! Gyffylog, mor ffôl!
Gwermod dy dafod deifiol.
Ond was dewr, bydd dosturiol!

Bydd ddydd dedwydd! Nid ydwyf
yn henwr iach; henwr wyf
a hun fy ngwlad yn fy nghlwyf.

Llynedd yw yn Llanddewi.
Gan daeogion diogi,
ai gormod disgwyl codi?

Nhw wlad fy nhraddodiadau,
nhw'n segur y bur hoff bau,
yn Galan lond eu gwelyau!

    'Ti'r arth swrth! Taw 'wir â'th sôn,
    y gwely gwag o galon.
    Pwy a gân wep o gwynion?

    Ni chanwn i na chân wych
    na 'thhh' neidr a thi'n edrych.
    Wyt foesgarwch surbwch, sych.

    Wyt dŷ'r rhoi, wyt ar wahân,
    wyt siarad â'th bwtsh arian,
    wyt big oer, ac wyt heb gân!

    Ti a ffromi, ond ffarwél!
    Daw'r mudwr i ymadel:
    mynd o orfod, myn d'oerfel!'

          * * *

Ac mae'n mynd! Mynd dros y môr
am ei damaid, am dymor!
Un big waedd heb egwyddor! – Yn cega,
gwnaeth dwrw yma gan nythu dramor!

Y diawliwr! Pam y dylwn
ar fy nhir ofyn i hwn
regi'r henwlad a gadwn? Gwaeth na Sais
rhochian ei falais a'i frychau'n filiwn!

Yn wepdwp o'i Ewropdir
a gâr hwn â'i big oer, hir
gawell y Gymru gywir? Boed i'r brith
nyth ddrwg o fendith ar ei gyfandir!

* * *

Yr wylan wen ar lôn ardd –
(a gwae y sawl a'i gwahardd!)
hen balas o urddas sydd
ym mloneg ei threm lonydd;
eto mae'r glanio mor glòs,
fy llygaid cyfaill agos.

Siwan yw neu Senana,
osgo o Dduw a gwisg dda,
a chyrch â'i llewyrch bob llys
yn darian mor hyderus,
a gerbron gair y brenin
wele fellt un loyw o fin!

O! 'r wylan deg, ar lan dydd
o g'lennig, o lawenydd,
a fwri di, Fair y don,
wedyn reg wydn i'r eigion?
Neu a wnei di, i ni'n dau,
ddwyn nawr y flwyddyn orau?

> 'Da ŵr o dŷ,
> cymrawd Cymru,
> da y gwn nad yw dy gais
> yn hurt nac yn anghwrtais,
> ac fel rheol mi folwn
> deyrn y tŷ y diwrnod hwn.
> Ond ar awr dd'wedwst, o raid,
> ni chanaf ond ochenaid.

Anaddas heddiw'r noddi.
Mae 'na un ohonom ni,
Aber-arth o dan garthen,
â naws y nos yn ei wên:
henwr o frawd, un o'r fro
na lwyddwn i'w eilyddio.

Dail ei funudau olaf – a syrthiant,
          ac os swrth ein gaeaf,
     bydd eto hebddo ein haf –
     gwae di'r awr! – gyda'r oeraf.'

Och! wylan, na chân, na chais
am funud ddim a fynnais,
ond cyn nos, dos at y dyn
a chan gyfarch hwn, gofyn –
lle'n awr fy mhenillion i?
Lluniau ddoe ein Llanddewi?

Ai byw'r iaith yn Aber-arth?
Ai heibio'r aeth Deheubarth?
Ai'n dlos o hyd y Wales hon?
Ai'n oes oesoedd y Saeson?
Och! wylan, na ddychwela,
a'th wib ar daith, heb air da.

     'Da'r galw brwd o'r galon.
     Ond hwyr, mor hwyr yw'r awr hon:
     awr y gwylied, awr gwaeledd,
     ac awr ei fyw ger ei fedd.
     Gad iddo â hedd gweddi
     lanw'i awr a'n gadael ni.

Erfynni di ond nid af
at wely'r test'ment olaf,
canys gwn na allwn i
heddiw mo'i argyhoeddi
fod yr iaith yn fud a'r iau
yn feilingwal fel angau.

Fe wêl o'i awydd wlad o gyfleoedd
a llym y gwarchod drwy'r llu ymgyrchoedd.
Yn fawr ei ryfel dros leiafrifoedd,
daw'n llew dewr i adennill ei diroedd.
Camodd fel cawr i'r cymoedd – a hawlio
i'r Gymraeg yno wir Gymry gannoedd.

Y nhw anghyfiaith, ni a'u hanghofiwn
ond ef a arddel dreftadau fyrddiwn;
y llaw agored, y llyw a garwn,
ac araith finiog yr iaith a fynnwn.
Un hawl ddi-ildio yw hwn: – amynedd
yn troi'n allwedd i'r tir a enillwn.

Tithau'r cilio, dan gawod d'ormodiaith,
ni weli di neb yn niwl d'anobaith,
ond dere, chwilia ac edrych eilwaith,
gwêl yr un hwn, datglöwr ein heniaith.
A ymuni di â'i daith – a dysgu
calonnau i ganu Calan ganwaith?

Gaer y glod, agor y glwyd
a chana'r gân na chanwyd.
Bydd waith dy iaith, bydd o'th dŷ,
bydd folwr, bydd ddyfalu.
O! dwg at dy gymdogion
lwydd ein hiaith y flwyddyn hon.

Bydd ddysgwyr, bydd eu hysgol,
bydd blant gwych yn edrych 'nôl,
bydd ar gael, bydd awr o'u gwers,
bydd eu hwyl, bydd eu heilwers.
Bydd naid dros ein beddau ni,
bydd dwf a bydd o Deifi!'

WALMART

''Fyddwn ni fawr o dro.'
A dyma barcio'r teulu
rhwng Canada a Mecsico
mewn Walmart o wlad.

Rhyw awgrym o brotest –
'Gewn ni aros yn y car?'

Ond o bicio i fewn
dyma nhw'n taflu i'r troli
fargeinion eu hoes –
bws melyn, loceri, *marching band*,
pledge of allegiance, *gators* yn y parc,
reidio hwrdd yn y rodeo,
dydd 100 *days of school is cool*,
NASA yn lle Sain Ffagan,
cnoc ysgafn Kabira ar ein drws,
nofio yn yr awyr las ar ddydd Nadolig.

Aeth wyth mis heibio megis chwarter awr,
ac roedd ymgolli yn nhrugareddau'r siop
a gadael yng nghist y car
y piano, y clarinét, jiwdo, pêl-droed,
cyfarfod llywodraethwyr, e-byst gwaith,
Foelgastell, Abertawe, Cymru,
yn baradwys brin i deulu ar ffo.

Dim ond wrth ddynesu at y til,
a'r fechan yn gweiddi arnaf,
 'Hey! Wai' rup!'
y canodd y larwm yn llygaid ei mam
a finnau'n ymbalfalu am yr allweddi.

11/12/2019